Controlando a Depressão com TCC

PARA

LEIGOS®

por Brian Thomson e
Matt Broadway-Horner

CB018847

ALTA BOOKS
EDITORA
Rio de Janeiro, 2014

Controlando a Depressão com TCC Para Leigos
Copyright © 2014 da Starlin Alta Editora e Consultoria Eireli.

Translated from original Managing Depression with CBT For Dummies © 2013 by John Wiley & Sons, Inc. ISBN 978-1-118-35718-7. This translation is published and sold by permission John Wiley & Sons, Inc, the owner of all rights to publish and sell the same. PORTUGUESE language edition published by Starlin Alta Editora e Consultoria Eireli. Copyright © 2014 by Starlin Alta Editora e Consultoria Eireli.

Todos os direitos reservados e protegidos por Lei. Nenhuma parte deste livro, sem autorização prévia por escrito da editora, poderá ser reproduzida ou transmitida.

Erratas: No site da editora relatamos, com a devida correção, qualquer erro encontrado em nossos livros bem como disponibilizamos arquivos de apoio se aplicável ao livro. Acesse o site www.altabooks.com.br e procure pelo título do livro desejado para ter acesso as erratas e/ou arquivos de apoio.

Marcas Registradas: Todos os termos mencionados e reconhecidos como Marca Registrada e/ou Comercial são de responsabilidade de seus proprietários. A Editora informa não estar associada a nenhum produto e/ou fornecedor apresentado no livro.

Impresso no Brasil — 1ª Edição, 2014

Vedada, nos termos da lei, a reprodução total ou parcial deste livro.

Produção Editorial
Editora Alta Books

Gerência Editorial
Anderson Vieira

Editoria Para Leigos
Claudia Braga

Supervisão Gráfica
Angel Cabeza

Supervisão de Qualidade Editorial
Sergio Luiz de Souza

Supervisão de Texto
Jaciara Lima

Design Editorial
Aurélio Corrêa
Auleriano Messias

Captação e Contratação de Obras Nacionais
Cristiane Santos
Marco Pace
J. A. Rugeri
autoria@altabooks.com.br

Vendas Atacado e Varejo
Daniele Fonseca
Viviane Paiva
comercial@altabooks.com.br

Marketing e Promoção
marketing@altabooks.com.br

Ouvidoria
ouvidoria@altabooks.com.br

Equipe Editorial
Daniel Siqueira
Hannah Carriello
Livia Brazil
Letícia Vitória
Marcelo Vieira
Mayara Coelho
Milena Lepsch
Milena Souza
Natália Gonçalves
Rodrigo Araujo
Thiê Alves

Tradução
Marcella de Melo

Copidesque
Mateus Colombo

Revisão Técnica
Edna Monteiro
Psicóloga Clínica, docente e sanitarista, mestre em Saúde Coletiva pela UFRJ

Revisão Gramatical
Claudia Braga
Priscila Gurgel

Diagramação
Lúcia Quaresma

Dados Internacionais de Catalogação na Publicação (CIP)

T482c Thomson, Brian.
Controlando a depressão com TCC para leigos / por Brian Thompson e Matt Broadway-Horner. – Rio de Janeiro, RJ : Alta Books, 2014.
251 p. : il. ; 21 cm. – (Para leigos)

Inclui índice e apêndice.
Tradução de: Managing depression with CBT for dummies.
ISBN 978-85-7608-839-4

1. Depressão mental - Tratamento. 2. Terapia cognitiva. 3. Bactérias - Aspectos da saúde. I. Broadway-Horner, Matt. II. Título. III. Série.

CDU 616.89-008.454
CDD 616.85270651

Índice para catálogo sistemático:
1. Depressão mental 616.89-008.454

(Bibliotecária responsável: Sabrina Leal Araujo – CRB 10/1507)

ALTA BOOKS
EDITORA

Rua Viúva Cláudio, 291 – Bairro Industrial do Jacaré
CEP: 20970-031 – Rio de Janeiro – Tels.: (21) 3278-8069/8419
www.altabooks.com.br – e-mail: altabooks@altabooks.com.br
www.facebook.com/altabooks – www.twitter.com/alta_books

Sumário Resumido

Sumário

Introdução

A depressão é um dos problemas de saúde mais vivenciados pelas pessoas e pode destruir vidas. Pesquisas mostram que uma em cada cinco pessoas sofrem de depressão em algum momento e, no entanto, esta ainda é um das doenças mais incompreendidas, muitas vezes confundida com sofrimento, tristeza ou infelicidade.

Este livro orienta o leitor no sentido de uma melhor compreensão da depressão e ajuda-o a reconhecer e lidar com os sintomas, usando uma abordagem chamada terapia cognitivo-comportamental (TCC). A grande vantagem da TCC é que ela usa métodos testados e aprovados para ajudá-lo a entender como se tornou deprimido — e o que está mantendo-o deprimido. Além de preparar você para superar sua depressão e levar uma vida plena novamente, a TCC o capacita a ajudar outras pessoas.

Uma paciente nos contou que sofreu de depressão durante toda sua vida e achava que a origem era genética, pois seus pais tinham sofrido de depressão ao longo de suas vidas. No entanto, concordou em experimentar a TCC e, já nas primeiras semanas, começou a entender melhor sua depressão e a sentir-se capacitada para assumir o controle de sua vida. Quando terminou seu tratamento, sentia-se confiante para lidar com o que quer que a vida lhe apresentasse, sem mergulhar na depressão novamente. Ainda, ela nos enviou um encantador cartão de agradecimento, em que dizia:

> "Se alguém tivesse explicado essas coisas para mim quando eu era jovem, minha vida teria sido muito diferente. Costumava pensar que eram as coisas que aconteciam na minha vida que me deixavam deprimida, mas vocês me ensinaram que tem mais a ver com a maneira como reajo ao que acontece, e isso me deu o poder de manter minha depressão sob controle."

Da mesma forma a TCC pode trabalhar para você, ajudando-o a entender e superar sua própria depressão. E com toda a informação prática reunida em suas páginas, *Controlando a Depressão com TCC Para Leigos* é a ferramenta de que você precisa para começar e usar a TCC por si próprio.

Sobre Este Livro

Quando você está sofrendo de depressão, não raro, sente-se isolado e como se nada pudesse melhorar sua situação. Mas pense neste livro como um amigo encorajador que está do seu lado. Nele, ajudo você a tornar-se seu próprio terapeuta, levando-o a compreender o que causa a depressão, o que o mantém deprimido e os efeitos que a depressão tem em sua vida e nas pessoas a seu redor. Em seguida, dou muitas dicas para recuperar o controle de sua vida e para melhorar seu humor.

Para tanto, descrevo a TCC e como ela pode ajudá-lo na prática. Mais especificamente, analiso:

- O modelo básico da TCC sobre como a depressão afeta seus pensamentos, sentimentos e comportamento
- As bases científicas de como a TCC pode ajudar
- Formas de identificar os problemas específicos que a depressão está causando em sua vida
- Como identificar e alcançar metas realistas
- Como descobrir o que faz com que você fique deprimido
- Como superar a depressão
- Como prevenir a reincidência da depressão

Convenções Usadas Neste Livro

Meu objetivo é fazer com que este livro seja muito fácil de usar. Para isso, utilizo uma série de convenções:

- *Itálico* indica palavras novas e termos médicos. Embora me atenha, tanto quanto possível, a uma linguagem que evite termos técnicos e jargões, ocasionalmente surgem alguns conceitos novos que precisam de explicação. Destaco-os com itálico e explico antes de discutir como usá-los.
- **Fontes em negrito** são usadas para destacar os principais conceitos ou etapas de ação a serem tomadas em listas.
- `Fonte monoespaçada` indica um endereço de site.

Ao longo do capítulo, incluo áreas sombreadas em cinza, chamadas de *boxes*. Estas seções contêm informações interessantes, que adicionam mais profundidade, embora não sejam vitais; você pode ignorá-las se preferir, com a certeza de que não está perdendo nada essencial.

Penso que...

Ao escrever este livro, suponho que você (ou alguém que você conhece) tem sofrido de depressão. Você quer entender rapidamente como a depressão funciona e descobrir como a TCC pode ajudá-lo a superá-la.

Certamente, não imagino que você tenha qualquer conhecimento ou experiência médica. Você só quer informações práticas, de fácil acesso. E quer se livrar da depressão de forma permanente.

Como Este Livro Está Organizado

Este livro está dividido em quatro partes.

Parte I: Compreendendo a Depressão e seu Desenvolvimento

Um velho ditado diz: "Conheça seu inimigo!". No Capítulo 1, descrevo como a depressão funciona, como e por que ela geralmente surge e distingo sentimentos normais, como tristeza e infelicidade, da experiência mais grave da depressão. No Capítulo 2, apresento-lhe a ferramenta que você usará para derrotar sua depressão (a TCC) e explico como ela o ajudará.

Parte II: Colocando em Prática o Que Você Descobrir

Esta parte abrange diferentes formas de ataque aos sintomas da depressão. O Capítulo 3 foca em como você pensa — se seu pensamento é positivo ou negativo —, pois, compreender isso lhe permite mudar para métodos de pensamento mais saudáveis e positivos (o tema do Capítulo 4). Dou uma olhada nas emoções e sentimentos no Capítulo 5, fornecendo dicas práticas para o controle de seus sintomas depressivos. A terceira frente de sua batalha contra a depressão está na mudança de comportamento, o que discuto no Capítulo 6. Parte dessa mudança é melhorar sua autoestima (Capítulo 7) e tornar-se mais assertivo (Capítulo 8). O Capítulo 9 é um pouco diferente e apresenta-lhe uma maneira muito eficaz para ajudar em sua recuperação: a antiga (e ainda assim inteiramente contemporânea) arte da atenção plena.

Parte III: Mantendo o Embalo

O objetivo desta parte é deixar a depressão para trás. O Capítulo 10 incentiva você a redescobrir e apreciar sua vida feliz e saudável. O Capítulo 11 descreve como evitar uma recaída, incluindo dicas práticas para detectar e lidar com os sinais e as situações de perigo.

Parte IV: A Parte dos Dez

Esta seção regular dos livros *Para Leigos* apresenta alguns conselhos e dicas sucintos para atacar a depressão, no Capítulo 12, e revela, no Capítulo 13, formas negativas de pensar, que podem atrapalhá-lo enquanto se recupera de depressão.

A Parte dos Dez continua com um apêndice, no qual forneço várias maneiras para você aumentar seu autoconhecimento.

Ícones Usados Neste Livro

Ao longo deste livro, você encontrará ícones nas margens, que irão ajudá-lo a identificar rapidamente diferentes tipos de informação e encontrar o que está procurando mais facilmente.

O texto ao lado desse ícone contém informações ou dicas particularmente úteis para poupar tempo.

Esta informação é importante e vale a pena tê-la em mente durante a luta contra a depressão.

Muitos enganos simples e concepções errôneas cercam a depressão. Este ícone serve para mostrar como chutar esses mitos para longe.

Incluí um monte de exemplos para demonstrar e esclarecer os novos modelos e ideias que apresento. Você pode identificá-los facilmente por meio deste ícone. As histórias não envolvem pessoas reais, mas são ilustrações, usando combinações de muitas pessoas com quem trabalhei ao longo de muitos anos como terapeuta.

Quero que este livro seja o mais prático possível, sendo assim, ao lado deste ícone, forneço pequenos exercícios para você experimentar. Todos eles são atividades comprovadas que ajudam as pessoas a superarem a depressão.

De Lá para Cá, Daqui para Lá

Embora você certamente consiga obter um monte de informações úteis ao ler do Capítulo 1 até o fim, projetei este livro de forma que você possa folheá-lo como quiser, lendo partes que lhe interessam em um momento específico. Se você quiser dicas e sugestões imediatas para ajudá-lo o mais rápido possível, vá direto aos Capítulos 12 e 13. Ou, se a falta de autoestima é um problema para você, dirija-se logo ao Capítulo 7. Para ajudá-lo a localizar o material relevante de forma fácil em outras partes do livro, emprego referências cruzadas, bem como um índice abrangente.

Lembre-se, porém, que, se você quer que sua vida seja diferente, tem que começar a fazer as coisas de modo diferente. Apenas entender ou conhecer a teoria por si só não fará com que supere a depressão. Portanto, preste atenção, complete as atividades recomendadas e siga o que descobrir. E tenha certeza de que estou torcendo por você.

Parte I

Compreendendo a Depressão e seu Desenvolvimento

A 5ª Onda Por Rich Tennant

"O blues eu posso tocar. Geralmente, consigo expressá-lo com um riff de guitarra de 12 compassos. A depressão, por outro lado, exige uma ópera de 3 atos."

Nesta parte...

Você descobre tudo sobre humores — incluindo as diferenças entre sofrimento, tristeza e depressão — bem como os sintomas de depressão. Você é apresentado à terapia cognitivo-comportamental (TCC) e começa a jornada para se tornar seu próprio terapeuta. Você descobre tudo de que precisa para usar a forma mais científica de terapia disponível para superar sua depressão.

Capítulo 1

Apresentando os Humores e a Depressão

Neste Capítulo

- Definindo a depressão
- Descrevendo seus sintomas
- Entendendo como a depressão afeta você

Para atacar a depressão, você precisa saber um pouco sobre o transtorno. Particularmente, precisa entender como ela se diferencia de emoções e humores normais, como sofrimento e tristeza.

Neste capítulo, são descritos os principais sintomas de depressão, para que você possa relacioná-los com sua própria experiência. Incluí uma série de exemplos que ilustram diferentes aspectos da depressão, na esperança de que eles o ajudem quando estiver pensando em sua situação. Também forneço uma visão geral do livro, incluindo referências cruzadas, de onde você pode partir para encontrar mais materiais relevantes em outros capítulos. Então, se algo em particular impressioná-lo durante a leitura, basta ir direto para o respectivo capítulo para obter mais informações.

Reconhecendo as Diferenças: Sofrimento, Tristeza e Depressão

A experiência humana em geral não varia muito. Ao longo da vida, todos têm os mais variados tipos de experiências e têm de enfrentar situações difíceis; todo mundo tem momentos de contentamento e períodos de dificuldade. As diferenças para as pessoas, normalmente, residem nas reações a esses eventos. Enquanto que se sentir triste quando as coisas dão errado para você é totalmente natural, a persistência desse sentimento por meses, levando-o a evitar seus amigos, não é normal.

É fundamental compreender que sentimentos de tristeza e até mesmo de sofrimento são completamente diferentes da depressão. E é aqui que esta seção entra em cena.

Ter a expectativa de viver uma vida em que a tristeza e o sofrimento não ocorrem não só é irreal, mas também prejudicial. Aceitar que os eventos negativos da vida acontecem inevitavelmente e desenvolver estratégias saudáveis de enfrentamento são habilidades importantes e fazem com que você aprecie ainda mais as bênçãos da vida.

Conhecendo a tristeza e o sofrimento

A *tristeza* é uma parte do espectro normal da experiência humana: um sentimento de melancolia, pesar ou aflição com o qual todos estão familiarizados. Acontece quando você experiencia eventos da vida que lhe despertam uma resposta emocional.

Quando pessoas saudáveis vivenciam contratempos, o humor delas despenca naturalmente. Elas podem até passar um breve período pensando muito negativamente sobre si mesmas, sobre outras pessoas e sobre o mundo em geral. Mas, dentro de um curto intervalo de tempo, começam a compreender o que aconteceu: consolam-se e asseguram a si mesmas que tudo vai dar certo e que elas estão bem.

Neste ponto, elas buscam conforto e segurança com outras pessoas. Este apoio ajuda a corroborar seus pensamentos e suas reações mais saudáveis. Com ajuda de amigos, começam a lidar com a situação e superam os problemas. Logo, seu humor está de volta ao normal.

Como o exemplo a seguir indica, a tristeza é uma reação temporária inteiramente apropriada aos eventos da vida.

Tina descobre que seu marido está tendo um caso e está trocando-a por outra mulher. Ela está desolada, e seu humor desaba. Inicialmente, ela se pergunta: “O que há de errado comigo?”. Pensamentos e imagens de ficar solitária, infeliz e sem amor preenchem sua mente, e ela se preocupa, achando que não é atraente e que é incapaz de ser amada.

Dentro de alguns dias, porém, ela começa a perceber que esta situação não é culpa dela. Começa a sentir raiva da infidelidade do marido. Diz a si mesma que era fiel e uma ótima esposa e que não é a culpada.

Conta a seus amigos sobre o que aconteceu, e eles a confortam, assegurando-lhe que é uma mulher boa e atraente, com muito a oferecer e que tem muitos amigos. Concordam com a crítica dela em relação ao marido e a incentivam e apoiam a tomar medidas para construir uma nova vida e ser feliz.

Dentro de alguns meses, Tina começa a organizar sua vida e a superar sua separação com coragem e otimismo.

Como a tristeza, o *sofrimento* é também uma resposta às circunstâncias da vida e é melhor compreendido como um estado prolongado de tristeza. Ele ocorre quando você se encontra em circunstâncias negativas por um longo período de tempo, mas, ao contrário da depressão, o sofrimento é uma resposta saudável às circunstâncias. Em outras palavras, se as circunstâncias mudam, o sofrimento vai embora.

Ao contrário da depressão, estar em sofrimento não o impede de se sentir motivado para trabalhar na mudança de sua situação ou de apreciar o que você puder no dia a dia.

Tristeza e sofrimento não são depressão — e a depressão não é uma parte normal das experiências de vida de uma pessoa saudável.

Vivenciando a depressão

A depressão é diferente da tristeza e do sofrimento, porque é uma doença que não faz parte da experiência de vida habitual de uma pessoa saudável e confiante. Ocorre quando as pessoas têm experiências iniciais de vida que as deixam vulneráveis à depressão.

A vulnerabilidade à depressão, causada por eventos de vida precoces, é surpreendentemente comum e, na verdade, vivenciada pela maioria das pessoas. As experiências iniciais de vida não precisam ser extremas ou dramáticas — muitas vezes, são incidentes de menor importância que se acumulam e abalam sua confiança ou o deixam com algumas crenças negativas sobre si mesmo, sobre os outros e sobre o mundo em geral.

Você, geralmente, não está consciente destas crenças nocivas, pois encontra maneiras de compensá-las ou superá-las e seguir com sua vida. Mas, embora trabalhe duro na tentativa de provar a si mesmo que as crenças são falsas, você ainda pode ter sua vida atormentada por dúvidas.

A lista a seguir contém alguns indicadores comuns de crenças e sentimentos nocivos:

- Sentir-se como uma fraude, não importa o quão bem-sucedido você seja
- Sentir-se desconfortável perto de outras pessoas, como se você não se encaixasse ou fizesse parte do contexto
- Preocupar-se com o que as outras pessoas estão pensando (geralmente, se eles estão julgando ou desaprovando você)

- Ter a necessidade constante de provar algo a si mesmo
- Ter a necessidade de agradar aos outros e obter aprovação o tempo todo
- Ter dificuldade em relaxar ou ser espontâneo perto dos outros; sentir-se inibido
- Ter dificuldades em sentir-se seguro nos relacionamentos, buscando, às vezes, reconhecimento, ou preocupando-se com o possível abandono dos outros
- Ter dificuldades com autoconfiança, tornando-se extremamente dependente dos outros
- Ser dominante em excesso e escolher estar perto de outras pessoas que aceitam esse comportamento
- Ter constantes sentimentos desagradáveis de que os bons tempos não vão durar, muitas vezes tendo medo de apreciar a vida e acreditando que, se você apreciá-la, acabará desapontando-se

DICA

Se você se reconhece em alguns ou em todos os itens acima, é provável que você esteja nutrindo crenças nocivas, mesmo que não esteja ciente delas ou não se lembre quais experiências as causaram. No Capítulo 4, eu lhe mostro como descobrir essas crenças e superá-las.

LEMBRE-SE

A depressão acontece quando os eventos da vida parecem confirmar suas crenças nocivas. Na sua forma mais básica, a depressão é o ato de render-se às convicções centrais, desistir da esperança e convencer-se de que você é impotente e que a vida é uma infelicidade, não havendo possibilidade de qualquer melhoria duradoura.

Eis aqui outro exemplo que gira em torno de uma separação. Observe como Ângela responde de forma bem diferente de Tina. Compare-a com Tina, na seção anterior, "Conhecendo a tristeza e o sofrimento".

Ângela descobre que seu marido está tendo um caso e está trocando-a por outra mulher. Ela está desolada e seu humor desaba. Ela pergunta: "O que há de errado comigo?". Ao contrário de Tina, ela começa a pensar que seu marido a deixou porque ele percebeu o quão inútil ela é (uma de suas crenças centrais). Pensamentos e imagens de ficar solitária, infeliz e sem amor preenchem sua mente e ela se preocupa, achando que não é atraente e que é incapaz de ser amada.

Enquanto no exemplo anterior Tina rapidamente percebeu que esses pensamentos e sentimentos eram incorretos, Ângela, que tem crenças centrais de que não é boa o suficiente e é incapaz de ser amada, não vivencia essa compreensão crucial e não consola a si mesma, nem busca apoio ou se recupera. Em vez disso, *acredita* em seus pensamentos negativos iniciais e sente-se sem esperança e impotente para fazer qualquer coisa a respeito de sua situação. Evita os amigos porque sente que não consegue sustentar sua pretensão de que é uma pessoa aceitável; ela teme que eles vão rejeitá-la, assim como fez seu marido.

Ângela começa a evitar tudo e se isola, dedicando-se à autoaversão e à autorrepreensão. Como resultado, transforma sua tristeza em depressão e não consegue melhorar seu humor.

Dê uma olhada na Figura 1-1. Ela mostra gráficos que ilustram os padrões de humor de duas pessoas diferentes. O primeiro gráfico mostra uma queda normal no humor, após um *incidente crítico* (um evento de vida que provoca uma queda do humor). Você pode ver que a resposta é consolar a si mesmo e recuperar-se de forma relativamente rápida deste revés, como Tina fez em seu exemplo. No segundo gráfico, você pode ver como a reação ao incidente crítico com ruminação, autocrítica e evitação transforma um evento de vida negativo em um episódio depressivo e impede a recuperação, como aconteceu com Ângela.

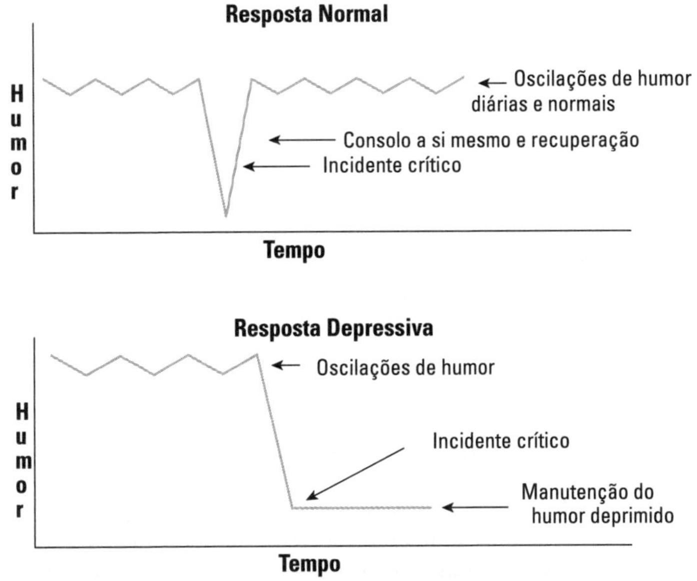

Figura 1-1: Resposta saudável e resposta depressiva a um incidente crítico.

Compreendendo os Sintomas

Assim como a origem da vulnerabilidade, a depressão das pessoas está muitas vezes no mesmo lugar (na infância) e muitos que sofrem de depressão compartilham de sintomas similares. Estar consciente desses aspectos em comum significa que você não precisa se sentir sozinho quando vivenciar os sintomas; mas isso não quer dizer que se sentir deprimido é natural, saudável ou mesmo inevitável.

Todo mundo tem que suportar alguns eventos negativos na vida. A chave para entender a depressão é compreender as diferentes maneiras possíveis de reagir a esses eventos. Uma resposta insalubre a um evento geralmente ocorre porque este reflete seus medos e suas dúvidas sobre si mesmo. Para que esses medos e dúvidas existam, é lógico que você deve ter vivenciado algo na vida que o faça ter, antes de mais nada, esses medos e dúvidas — e para que eles pareçam realistas.

A seguir, descrevo os sintomas comuns da depressão.

Desânimo contínuo

Esse sintoma, normalmente, surge como uma reação normal a um evento de vida negativo. Mas, em vez de uma reação saudável, de consolo a si próprio, você mantém o humor diminuído, com pensamentos, crenças e comportamentos negativos.

Descrevo alguns tipos diferentes de pensamentos distorcidos no Capítulo 13 e falo sobre desafiar e mudar os pensamentos negativos no Capítulo 4.

Alterações de peso

Algumas pessoas que sofrem de depressão tentam confortar-se comendo. Comer em excesso é comum em pessoas que, quando crianças, eram consoladas pelos pais com doces ou outras guloseimas. Como resultado disso, pensam que podem sentir-se melhor comendo.

Há, também, os que evitam comer quando sofrem de depressão. Esta reação é comum em pessoas cujos pais eram críticos e enfatizavam a punição em vez do consolo. Essas pessoas muitas vezes pensam que não merecem coisas agradáveis e não conseguem sentir-se melhor até que sejam punidas ou se punam. O Capítulo 5 é útil se você tende a repreender-se; o Capítulo 8 descreve maneiras de ser mais compassivo consigo mesmo.

Transtornos do sono

Pessoas que ficam deprimidas podem ter dificuldades para dormir e ficam acordadas, ruminando e preocupando-se. Muitas vezes, isso acontece depois de um dia em que você exaure sua mente com reflexões e emoções negativas, mas não fez atividade física suficiente para cansar seu corpo e deixá-lo pronto para o sono (vá à seção “Cansaço persistente”, para ter ideias de como mudar essa situação).

Outro problema de sono comum é acordar de manhã cedo e não conseguir voltar a dormir. Esse problema geralmente ocorre quando a depressão já acontece há um tempo e você precisa de um bom equilíbrio de vida (confira a seção "Equilibrando seu estilo de vida: O que está faltando?").

Falta de prazer ou satisfação

Esse sintoma comum de depressão geralmente acontece quando você estabelece uma profecia autorrealizada. Dê uma olhada nos dois exemplos a seguir e observe os diferentes pensamentos, sentimentos e comportamentos de cada um.

EXEMPLO

Tom é convidado para uma festa. Imediatamente, aceita com entusiasmo, pensando "Que bom que me convidaram!". Começa a aguardar o evento ansiosamente e, por sua mente, passam imagens suas encontrando velhos amigos, fazendo outros novos, tomando alguns drinques e rindo com os outros, enfim, aproveitando a festa. Como resultado desses pensamentos e imagens agradáveis, sente-se feliz e aguarda com expectativa a reunião. Quando chega à festa neste estado de espírito positivo, ele entusiasticamente participa da comemoração, diverte-se muito e vai para casa sentindo-se cansado e relaxado, com imagens felizes em sua mente.

EXEMPLO

Ian é convidado para a mesma festa. Entretanto, está deprimido há meses e por isso tem uma reação muito diferente em relação ao convite. Acha que a festa será horrível: "Eu vou deprimir todo mundo, ninguém vai querer conversar comigo e, se alguém conversar, não serei capaz de dialogar normalmente, porque estarei muito distraído e não saberei o que dizer; eles vão pensar que sou estranho".

Começa a imaginar-se sozinho em um cômodo, sentindo-se desconfortável e arrependido por ter ido à festa. Como resultado desses pensamentos e imagens, Ian decide não ir, convencido de que não se divertirá. Na verdade, se ele tivesse ido com esses pensamentos e essa atitude, é provável que ele mesmo tivesse se isolado, preocupado com seus pensamentos negativos e inquietações. Desta forma, teria transformado seus medos em realidade e mantido sua depressão.

Como você pode ver nos exemplos acima, as atitudes e crenças de uma pessoa são cruciais para poder desfrutar as coisas na vida. Quando a depressão afeta essas atitudes de uma forma negativa, cria-se uma espiral descendente que lhe priva da alegria em sua vida e do prazer que você pode obter das coisas boas. Você começa a evitar mais e mais as coisas agradáveis da vida e acaba levando uma vida infeliz e sem alegrias. Mas isso não precisa ser assim. No Capítulo 12, apresento 10 dicas valiosas para ajudar a combater a depressão.

Cansaço persistente

Quando deprimido, você tende a evitar e a afastar-se de tantas coisas em sua vida que carece dos elementos necessários para um sono saudável.

LEMBRE-SE

Para ter uma boa noite de sono, você precisa ter um equilíbrio entre as seguintes coisas em sua vida:

- Dieta saudável
- Atividade significativa, que lhe dê um senso de propósito e satisfação
- Estimulação mental
- Atividade física
- Contato social e estimulação
- Equilíbrio entre vida profissional e pessoal

A depressão muitas vezes afeta negativamente todos esses elementos e, assim, você pode ter dificuldades para conseguir uma boa noite de sono. O resultado é que você sente-se cansado e, portanto, faz cada vez menos coisas. Mas fazer muito pouco significa que você não tem o equilíbrio necessário para obter uma boa noite de sono. Assim, o ciclo se repete, mantendo a fadiga e a perda de energia associadas à depressão. Essa espiral descendente geralmente significa que você enfrenta uma verdadeira batalha para ter energia suficiente para fazer até mesmo a mais simples das tarefas.

Dores e desconfortos permanentes

Dores e desconfortos podem ser o resultado de falta de exercícios e atividades, caso você esteja inativo por causa de sua depressão. Ou, às vezes, são o resultado de *hipervigilância,* que é quando você está constantemente buscando por sinais de dores e desconfortos; assim, sensações normais e de menor importância, que de outra forma dificilmente seriam notadas, adquirem maior significado.

LEMBRE-SE

Se você estiver inativo por um tempo, qualquer movimento ou atividade provavelmente fará com que seus músculos doam. A única solução é começar a movimentar-se novamente, mesmo que você comece dando apenas uma pequena caminhada a cada dia.

Incapacidade de concentração

Quando você está deprimido, é bem possível que tenha dificuldade de concentração. Na verdade, quanto mais sentir-se assim, é provável que tenha mais dificuldades. Fortes emoções negativas fazem você sentir-se mal e distraem sua atenção do está tentando fazer. Por isso, você precisa exercitar seus "músculos de concentração", começando aos poucos. As técnicas que apresento no Capítulo 9 sobre atenção plena podem ser úteis nesta área.

LEMBRE-SE

Tente não se tornar autocrítico ou repreender-se quando sua concentração falhar. Apenas aceite que é assim que você está no momento e, calmamente, foque no que está fazendo.

Desejo de se isolar

Ninguém gosta que outras pessoas vejam suas fraquezas. Portanto, não querer relacionar-se com as pessoas é natural quando você acha que elas o verão como um fraco, antissocial, infeliz ou mal-humorado. O problema é que, quando está inativo há um tempo, é provável que você tenha pouco sobre o que falar, de modo que a situação se perpetua por si só. Você pode até sentir que é um fardo ou que você vai deprimir as outras pessoas. Pode fazer uma leitura de mente negativa (como descrevo no Capítulo 3), imaginando que as pessoas estão criticando você ou não gostam de você.

Toda essa negatividade faz com que ficar perto de outras pessoas seja muito desconfortável, então você as evita. No entanto, quanto mais tempo permanecer afastado, mais difícil será para retomar o contato. Você pode sentir-se culpado por negligenciar as pessoas ou pode sentir que não tem nada para oferecer. De qualquer forma, quando esses sentimentos dominam, a tendência é isolar-se. Mas se comportar dessa maneira sempre piora a situação a longo prazo. Em vez disso, precisa reconhecer que seus pensamentos negativos estão enganando você (para isso, leia os capítulos 2 e 3) e buscar melhorar sua autoestima (ver Capítulo 7).

Parem o mundo (eu quero descer): Pensamentos suicidas

Nem todo mundo com depressão tem pensamentos suicidas, mas eles são comuns. Pensamentos suicidas muitas vezes são uma forma de rejeição a si mesmo; por exemplo, "Ninguém se importaria se eu morresse" ou "As pessoas ficariam melhor sem mim".

Muitas pessoas acham que, por terem pensamentos suicidas, *devem* ser suicidas de fato, e um dia colocarão em prática tais ideias. Não é este o caso. A maioria das pessoas deprimidas que têm pensamentos suicidas nunca os coloca em prática.

Se você está sendo perturbado por pensamentos suicidas, entretanto, consulte um profissional de saúde mental; ele pode ajudá-lo a manter-se seguro, enquanto você se recupera de sua depressão.

Pensando Sobre Sua Própria Depressão

Em essência, as duas seções anteriores expõem a teoria da depressão. Mas o conhecimento da teoria é limitado em sua utilidade quando tudo o que você realmente quer é sentir-se melhor. Para mudar a forma como se sente, você precisa tomar medidas concretas, porque, quando a depressão se estabelece, ela raramente vai embora por conta própria. Se você quer que sua vida seja diferente, tem que começar a fazer as coisas de forma diferente. Por isso, nesta seção você começa a trabalhar um pouco (mas não se preocupe, prometo ser gentil).

Use esta seção para ver como você se adapta ao modelo da terapia cognitivo-comportamental (TCC), cujos princípios estão no Capítulo 2. Isso ajuda você a entender sua depressão, levando-o à compreensão de por que você está deprimido, o que o está mantendo deprimido e o que pode fazer para superar sua depressão.

Descobrindo como sua experiência se encaixa na teoria

A primeira coisa a fazer é começar a coletar informações sobre sua depressão, o que significa que você precisa manter um diário, no qual registrará qualquer coisa que o faça sentir-se mal — suas chamadas *cognições quentes*.

Cognições quentes

Uma cognição quente é qualquer pensamento, assunto, situação etc. que evoca uma resposta emocional negativa. Os praticantes de TCC usam as cognições quentes como placas de sinalização; de fato, elas são como enormes setas apontando para suas suscetibilidades, indicando as questões que são significativas em sua depressão. É provável que você sinta ondas de negatividade quando acontece algo (talvez apenas um pensamento) que se conecta com suas questões sensíveis.

Janete sofre de depressão. Uma de suas cognições quentes se relaciona à solidão e a crença de que nunca vai encontrar o amor de sua vida. Assim, toda vez que vê uma imagem romântica na televisão ou um casal de mãos dadas na rua, ela vivencia uma onda de intensa tristeza. Ao manter um diário e anotar cada cognição quente que vivencia, Jante pôde identificar a questão de se sentir indigna de ser amada. Esse foi seu primeiro passo para trabalhar a questão.

Mostrarei a você como trabalhar em suas questões no Capítulo 4, mas, por enquanto, tente apenas perceber suas cognições quentes e procure pelas questões que estão por trás delas.

Pegue um caderno e comece a manter um diário, imediatamente. Toda vez que vivenciar uma sensação depressiva, tome nota dos seguintes aspectos (incluo alguns exemplos de registros apenas como ilustração):

1. **Situação** (incluindo onde, quando, quem, o que e assim por diante). Tente incluir qualquer coisa que você ache que possa estar contribuindo para o problema.

   Por exemplo: "Eu estava caminhando para o trabalho. Ao passar pela área de recreação, vi um homem jogando futebol com seus filhos."

2. **Sentimentos.** Tente reconhecer a emoção que você sente e rotule-a. Normalmente, você consegue exprimir uma emoção em uma palavra, como tristeza, raiva, mágoa etc.

   O exemplo pode continuar: "intensa tristeza", "mágoa", "raiva".

   Note que declarações como "sinto que ninguém gosta de mim" são pensamentos, não sentimentos. Se você está escrevendo uma declaração deste tipo, pergunte, em vez disso, como isso o faz se sentir (por exemplo, triste) e anote a palavra.

3. **Reflexão**. Veja quais emoções você escreveu e pergunte-se quais pensamentos, imagens e memórias que vêm à mente podem explicar por que você sente cada emoção. Para o exemplo, as respostas podem ser:

- **Pensamentos.** "Eu nunca consigo fazer isso com meus filhos. Eles vão pensar que sou uma porcaria de pai. Meus filhos nunca entram em contato comigo. Minha ex-mulher provavelmente colocou-os contra mim. Seu novo parceiro está assumindo o papel de pai. De qualquer maneira, sou inútil; provavelmente, eles estão melhor sem mim."
- **Memórias.** "Brincar com meus filhos quando eles eram menores."
- **Imagens.** "Seu padrasto e minha ex-mulher fazendo coisas juntos, sendo uma família, me excluindo."

Mantenha seu diário por uma semana. Tente ser corajoso e *totalmente* honesto em relação a isso. Algumas pessoas evitam pensar sobre questões sensíveis por tanto tempo que acham que se permitir reconhecê-las é muito desconfortável e até mesmo um pouco assustador. Outros negam seus sentimentos ou suscetibilidades, recusando-se a reconhecê-los. Embora essas estratégias possam ter o benefício, a curto prazo, de evitar sensações desagradáveis, o custo a longo prazo é bem mais expressivo.

Depois de uma semana, reserve algum tempo para analisar as informações coletadas. Procure por padrões em seus registros, perguntando a si mesmo o que eles têm em comum. Tente extrair uma lista de questões, que são *suas* cognições quentes. Elas podem ficar mais ou menos assim:

- "Sentir-se indigno de amor, solitário ou indesejado"
- "Ser pessimista sobre o futuro"
- "Ver minha vida como vazia e sem sentido"
- "Perceber quão infeliz me tornei"

DICA

Agora você pode usar essa lista para ajudar a compreender quais crenças centrais nocivas tem sobre si mesmo, outras pessoas e o futuro.

Crenças centrais

As crenças centrais podem exercer uma influência incrivelmente poderosa sobre sua vida. Como a maioria das pessoas, é provável que você esteja apenas vagamente consciente de suas crenças centrais e raramente pense de forma consciente sobre elas ou questione se elas são verdadeiras. A razão pela qual você raramente desafia essas crenças é que elas são conclusões profundas, protetoras e pessoais, baseadas em como outras pessoas trataram-no quando era jovem e que tipo de experiência teve (esse processo foi melhor desenvolvido na seção "Vivenciando a depressão").

Quando Geraldo era jovem, seus pais sempre estavam ocupados demais trabalhando, não podendo passar bons momentos com ele. Geralmente, eram pais bons e amorosos, mas estavam ocupados tentando proporcionar um bom estilo de vida à família. Geraldo, entretanto, era jovem demais para perceber ou compreender esse contexto. Tudo em que ele acreditava era que a mãe e o pai pareciam achar que tudo o mais era mais importante do que ele.

Como resultado, sentiu que suas necessidades emocionais não foram satisfeitas e aprendeu a não esperar que seus pais tivessem tempo para ele. Ao fazer isso, evitava a mágoa e a decepção quando suas expectativas não eram satisfeitas. Ao longo dos anos, Geraldo desenvolveu, bem no fundo, as crenças "Eu não sou digno de amor", "Outras pessoas vão me magoar se eu esperar que elas me amem" e "Para sobreviver no futuro, tenho que ser autossuficiente e não me permitir precisar de outras pessoas".

Agora, dê uma olhada em sua própria lista. Tente ver quais crenças centrais sustentam as questões que você observou e pergunte-se de onde estas crenças vêm e o que você vivenciou que o levou a essas conclusões. Anote essas crenças centrais. Qual é a sensação de vê-las no papel?

Apesar de sentirem-se desconfortáveis no início, a maioria das pessoas, ao examinar suas crenças centrais de forma consciente, percebe que estas são falsas ou parcialmente falsas (a importância de testar suas crenças está no Capítulo 4). No entanto, você ainda pode *sentir* que elas são verdadeiras, mesmo que sua mente racional perceba que elas são radicais e inúteis, além de não retratarem toda a realidade.

Avaliando o que o mantém empacado

Quando você descobrir as questões que são importantes em sua depressão e as crenças que as sustentam (nas seções anteriores "Cognições quentes" e "Crenças centrais"), estará pronto para analisar como esses conceitos não só desencadearam sua depressão a princípio, mas também continuam a trabalhar para mantê-la.

Dê uma olhada em seu diário e em suas listas e pergunte-se o que fez quando a cognição quente ocorreu. É provável que você tenha evitado ou fugido da situação de alguma forma. Esta é a natureza humana, pois é inato às pessoas evitar situações desagradáveis ou angustiantes. A consequência de tal fuga ou evitação é que você mantém suas crenças negativas, porque não consegue desmenti-las ao dar à sua mente inconsciente experiências positivas que possam contradizer as crenças.

Mateus tem crenças centrais de que não é bom o suficiente e é incompetente. Como resultado disso, sente-se extremamente desconfortável quando é testado de qualquer maneira ou quando outros o observam fazendo uma tarefa. Teme que, se os demais virem sua incompetência, suas vulnerabilidades estarão expostas e ele será ridicularizado ou rejeitado. Para evitar tal exposição, ele evita qualquer tipo de teste ou exame minucioso. Portanto, Mateus tem poucas qualificações, nunca solicita uma promoção e ficou no degrau mais baixo de sua carreira.

Dessa forma, a situação de Mateus parece reafirmar suas crenças, pois a maioria das pessoas de sua idade já evoluiu na profissão. Ele testemunhou muitas pessoas que chegaram em posições abaixo da sua e que depois foram promovidas, ficando acima dele. O fato de que ele evita qualquer situação a qual possa refutar sua crença central e fornecer evidências que a contradigam significa que Mateus é capaz de manter essas crenças deprimentes sobre si mesmo.

Mateus está na clássica situação depressiva conhecida por "beco sem saída", acreditando que está condenado se fizer e se não fizer. Ele está preso e não consegue ver uma saída para sua situação.

Você consegue perceber um padrão similar ao de Mateus em sua própria depressão? Dê uma olhada nas crenças centrais que você identificou e escreva uma lista das coisas que você evita ou coisas que você faz em função das crenças.

A lista de Mateus é mais ou menos assim:

- "Eu tento evitar qualquer situação em que possa estar sob análise."
- "Tento evitar outras pessoas que acho que são mais inteligentes."
- "Sou um pouco perfeccionista, preocupando-me que, se eu não fizer as coisas perfeitamente, os outros notarão e verão como sou incompetente."
- "Em situações sociais, penso cuidadosamente antes de dizer qualquer coisa e, não raro, acabo não participando das conversas".

Muitas vezes, pode descobrir que seu comportamento de evitação torna-se um conjunto de regras pelas quais você vive. Contanto que obedeça às regras, você parece lidar e sentir que está gerenciando sua vida e compensando suas crenças centrais. Estas estratégias compensatórias podem funcionar tão bem que por um tempo você não tem consciência de que tem um problema.

Seu modo regrado de viver e gerenciar suas suscetibilidades o deixa vulnerável. Você está sempre sob pressão e tem dificuldade em ser espontâneo ou relaxado junto às pessoas. E quando um incidente crítico acontece e interfere em suas estratégias ou parece expor suas vulnerabilidades (que são a razão de suas estratégias), você pode encontrar-se sofrendo de depressão.

Um *incidente crítico* é aquele que parece provar as crenças centrais que você mantém. Como resultado disso, a situação parece pior do que é e, muitas vezes, faz com que se sinta inútil e empacado. Você tentou durante toda sua vida encobrir e compensar suas "fraquezas", mas agora fracassou. Você se torna desmotivado e pensa: "Qual a razão de tentar se eu vou fracassar de novo?".

Um modelo de depressão da TCC

A Figura 1-2 ilustra, em um modelo de depressão da TCC, os processos que descrevo ao longo desta seção. O modelo é baseado no exemplo de Mateus, na seção anterior.

Primeiras experiências de vida
Mateus vivencia comparações críticas com seu irmão mais velho e interpreta isso como evidência de que ele não é bom/competente o suficiente.

Crença central
Não sou bom/competente o suficiente.

Estratégias compensatórias/Regras

- Evitar a análise
- Não se oferecer para uma promoção
- Evitar ser julgado
- Evitar pessoas inteligentes
- Tentar fazer tudo perfeito para que não seja criticado
- Pensar antes de falar

Incidente crítico
Mateus foi despedido.

Pensamentos	Sentimentos	Comportamento
• Não consigo vencer • Todos verão que eu não era bom o suficiente • Nunca vou conseguir outro emprego	• Infeliz • Desesperançado • Envergonhado	• Autocrítica • Evitar os outros • Afastar-se e não fazer nada

Ciclo de manutenção
Ao desistir e não se candidatar a outros empregos, Mateus pode manter sua crença de que não conseguiria arranjar outro trabalho. Ao evitar outras pessoas, mantém sua crença de que elas pensam negativamente sobre ele e o ridicularizariam ou o rejeitariam. Ao fazer cada vez menos coisas, sua vida se torna vazia e sem sentido. Ele acaba levando uma vida solitária e passa a maior parte de seu pensamento repreendendo a si mesmo e sentindo-se infeliz e sem esperança.

Nota: É o comportamento de evitação que faz com que Mateus não consiga desmentir suas crenças negativas.

Figura 1-2: Modelo de depressão de Mateus.

Veja se você consegue encaixar sua própria experiência no modelo da Figura 1-2.

Medindo

Uma das coisas realmente úteis da TCC é poder manter um registro dos problemas em que está trabalhando e ter provas concretas do progresso. As evidências coletadas permitem que você veja o que está ajudando e dão uma forma de medir os progressos, o que é importante na depressão, porque existe a tendência nas pessoas deprimidas de não reconhecerem o progresso e não considerarem os pontos positivos.

Uma das maneiras mais simples e eficazes de manter-se a par de seu progresso é usar as *unidades subjetivas de ansiedade* (SUDs[1]). Você começa ao decidir o que quer medir na depressão; sugiro seu humor, mas você também pode querer medir a preocupação, irritabilidade ou qualquer outra emoção que desempenhe um papel importante em sua depressão. Então, simplesmente classifique cada elemento dentro de uma escala de 0-10, com 0 representando que o problema não ocorreu e 10 representando a pior ou mais intensa sensação que você já vivenciou. Avalie cada item como uma média dos últimos sete dias. A Tabela 1-1 fornece um exemplo. Ao classificar suas emoções, você tem um registro visual de seu progresso, que pode indicar quando questões difíceis surgem, bem como mostrar o progresso geral.

Tabela 1-1 Exemplo de Registro de Progresso Usando as SUDs

Item	*Semana 1*	*Semana 2*	*Semana 3*	*Semana 4*
Humor	7	7	6	5
Irritabilidade	8	7	7	6
Preocupação	8	5	6	5

[1] Do inglês, "subjective units of distress".

LEMBRE-SE

Você pode achar que todos esses registros e contagens parecem desnecessários, mas recomendo fortemente que você se dê ao trabalho de tomar nota das SUDs. Os registros nunca perdem sua utilidade, provando que são um recurso valioso, ao mesmo tempo em que controlam sua depressão e fazem progresso. As SUDs também são úteis depois que você se recupera — quando pode usar os conselhos dos capítulos 10 e 11 para reconhecer e aproveitar seu "novo eu" e evitar as chances de uma recaída.

Equilibrando seu estilo de vida: O que está faltando?

Um dos passos iniciais no esforço para sair da depressão é dar uma boa olhada em seu estilo de vida. As pessoas que sofrem de depressão quase sempre levam um estilo de vida que faz com que seu estado piore. Na verdade, muitos dos que sofrem acabam evitando tantas coisas na vida que, involuntariamente, acabam levando um estilo de vida que seria suficiente para deixar qualquer um deprimido, mesmo que essa pessoa estivesse bem a princípio.

LEMBRE-SE

Para ajudá-lo a ver como é uma vida equilibrada, listo os diversos aspectos de que todos precisam para ser felizes e satisfeitos:

- **Necessidades básicas.** Você precisa ter: comida e bebida suficientes (uma dieta saudável); um lar amoroso e confortável; equilíbrio entre sono e vigília, trabalho e lazer; exercícios físicos; e assim por diante.
- **Necessidades de segurança.** Para ser feliz, você precisa sentir-se seguro e protegido. Então se seu lar, suas finanças, sua situação profissional ou seus relacionamentos estão instáveis, você precisa lidar com essas questões e administrar sua segurança.

  Se algumas coisas parecem estar fora de seu controle, busque ajuda em algum serviço de apoio ao cidadão em sua cidade ou com seu médico de confiança. Encare e lide com suas necessidades, pois enterrar sua cabeça na areia apenas impede sua recuperação.

- **Sentimento de pertencimento.** Você precisa se encaixar em algum lugar. Os seres humanos são uma espécie social, e você só consegue seguir sozinho até um certo ponto, antes que isso comece a afetar seu humor de forma negativa.

  Pergunte-se onde você se encaixa: isto é, de quais grupos você obtém um sentimento de pertencimento. Seus grupos podem ser sua família, seus amigos, trabalho, clubes ou outras redes sociais.

  Se você não tem pelo menos dois grupos sociais aos quais sente que pertence, comece a procurar grupos e indivíduos para se reconectar, e trabalhe no desenvolvimento de sua rede social.

- **Autoaperfeiçoamento.** Os humanos têm um instinto de melhorar seu conhecimento e sua compreensão. Ler, conversar com outras pessoas e interessar-se pelo que está acontecendo ao seu redor fornecem maneiras com as quais você pode suprir essa necessidade e começar a sentir-se mais satisfeito com sua vida.

- **Realização.** As pessoas precisam ter a sensação de que desenvolvem seu potencial e fazem algo significativo de suas vidas. Então, quando você suprir suas necessidades mais básicas, dê uma olhada em seu equilíbrio único de habilidades e talentos e pergunte-se sobre o que é capaz de realizar se concentrar seus esforços nisso.

  Pense em algo do qual você se orgulharia e que lhe daria uma sensação de realização. Tente pensar de forma diferente: entrar para um grupo de teatro amador, fazer um curso de arte, afiliar-se a um partido político, aprender uma língua em aulas noturnas e assim por diante. Em seguida, mãos à obra e faça acontecer.

Vá ao Capítulo 6 para muito mais informações sobre como viver uma vida equilibrada. Além disso, no Apêndice há uma folha de estilo de vida equilibrado, para você preencher e identificar as áreas que precisa resolver.

LEMBRE-SE

Se estiver deprimido há algum tempo, você tem que lidar com sua depressão antes de tentar as dicas acima. Então, faça com que a superação de sua depressão seja sua primeira meta.

Capítulo 2

Apresentando os Princípios Básicos da TCC

Neste Capítulo

- Ajudando a si mesmo com a TCC
- Lidando com pensamentos, sentimentos e comportamentos perturbadores
- Evitando andar em círculos

Um dos aspectos realmente úteis da TCC (terapia cognitivo--comportamental) é que ela é uma abordagem científica. Eu não quero dizer que você precisa usar um paletó de *tweed* com remendos nos cotovelos e brincar com tubos de ensaio (embora você certamente possa vestir o que gosta!). Quero dizer que necessita explorar todas as questões relevantes de sua depressão com a mente aberta. A TCC permite que você descubra como ver seus pensamentos como teorias ou possibilidades a serem testadas, e não simplesmente aceitá-los pelo seu valor nominal como realidade, sem considerar as provas ou outros possíveis pontos de vista alternativos.

Como um cientista explorando um processo químico ou biológico, na TCC você segue uma estrutura, coleta dados, analisa coisas, faz medições e mantém boas anotações. Em outras palavras, você tem que desenvolver um plano de ação e um método lógico.

Se este processo parece um pouco intimidador, não se preocupe; é muito mais simples do que parece — e logo você pega o jeito. Para ajudar, neste capítulo, mostro como a TCC pode auxiliá-lo a gerenciar sua depressão sozinho. Divido sua depressão em três áreas: pensamentos, sentimentos e comportamentos. Esta abordagem lógica e estruturada ajuda a entender os problemas, analisá-los e desenvolver uma nova estratégia para lidar com eles.

Tornando-se Seu Próprio Terapeuta

Para praticar a TCC, nem sempre você precisa de um profissional. Com as orientações deste livro, você pode, de certa forma, tornar-se seu próprio terapeuta. Eu forneço todo o conhecimento, compreensão, conselhos e habilidades necessários não só para gerenciar eficazmente sua depressão, mas também para mantê-la longe durante toda sua vida.

Há momentos, no entanto, em que procurar a ajuda de um terapeuta certificado para guiá-lo através do processo é uma medida prudente, especialmente se seu sono está sendo severamente prejudicado ou, então, se você está se sentindo suicida e precisa de ajuda para se manter seguro durante a recuperação. Em casos como esses, a única coisa a fazer é contatar seu médico de confiança e pedir para ser encaminhado à TCC. Como alternativa, você pode contatar diretamente um terapeuta, por meio do site da Federação Brasileira de Terapias Cognitivas (`http://fbtc.org.br`), onde há uma lista de terapeutas credenciados.

LEMBRE-SE

Na maioria das situações, você pode ajudar a si mesmo com a TCC. Mesmo que não entenda a TCC ainda — nem precisa, porque este livro o ajuda a desenvolver os conhecimentos necessários —, mas você é um especialista em *você*, em sua própria depressão. O objetivo da TCC é levá-lo a um ponto em que você possa fazê-la sozinho, desenvolvendo suas próprias maneiras de combater o que está causando a sua depressão.

Quantas vezes você já se viu comportando-se de uma forma autodestrutiva ou autossabotadora e repetindo tal comportamento sem saber o porquê? Se você se envolve repetidamente em relacionamentos destrutivos ou se comporta de forma que sabe que se machucará, a TCC ajuda-o a entender as razões. Ela permite que você controle sua própria recuperação e obtenha controle sobre situações que costumavam dominá-lo, de forma que você não se sinta como uma vítima.

De acordo com a TCC, seu pensamento sobre (e interpretação de) situações é o que o leva às suas perturbações emocionais e comportamentais. Os seres humanos causam sua própria angústia e, assim, logicamente, podem descobrir como "descausá-la". A TCC utiliza uma abordagem educacional que o leva a compreender como sua depressão se desenvolveu e como aplicar as técnicas de TCC para enfrentar o problema.

Separando a Depressão em Três Domínios

Para fornecer uma abordagem estruturada para você enfrentar sua depressão, o modelo da TCC separa os problemas em três *domínios* (elementos):

- **Pensamentos:** O domínio dos pensamentos, ou *cognitivo*, refere-se a tudo o que se passa em sua mente, incluindo pensamentos, imagens, memórias, sonhos, crenças, atitudes e atenção. Esses aspectos contribuem para seus sentimentos negativos.
- **Sentimentos**: Este domínio abrange as emoções e sensações físicas que você vivencia, e como compreende ou lida com elas. Essas emoções podem causar sintomas, como problemas de sono, fadiga e alterações do apetite.
- **Comportamento:** O domínio de comportamento diz respeito à forma como seus pensamentos e sentimentos ajudam a piorar uma situação, encorajando-o a evitar fazer algumas coisas que, na verdade, faria com que você se sentisse melhor. Você pode descobrir que se envolve em comportamentos que o fazem sentir-se pior, tais como refletir excessivamente e repreender-se sobre o que evita fazer.

A melhor maneira de descrever como esses três domínios funcionam é por meio de um exemplo.

Pedro foi despedido depois de trabalhar para a mesma empresa por 23 anos; seu cargo, foi extinto. Na lista a seguir, eu conecto cada um dos três domínios a Pedro:

- **Pensamentos:** Pedro está tendo esses tipos de pensamentos:
  - Eles achavam que não valia a pena me manter.
  - Eu não valho nada.
  - Nunca vou conseguir outro emprego.
  - Estou desapontando minha família.
  - Os meus amigos vão achar que sou um parasita e um peso para a sociedade.
  - Minha vida acabou.

  Na mente de Pedro também surgem imagens de amigos falando pelas costas, criticando-o e rejeitando-o, e ele tem lembranças de seus dias de escola, quando vivenciou rejeição e exclusão.
- **Sentimentos:** Pensar dessa maneira faz com que Pedro se sinta deprimido. Ele se sente desconfortável perto de outras pessoas e sem esperança sobre o futuro. Começa a ter perturbações no sono, o que o deixa constantemente cansado. Perde sua confiança e motivação e, depois de um tempo, descobre que teme cada novo dia.
- **Comportamento:** Estes pensamentos e sentimentos preocupados levam Pedro a começar a evitar amigos e até mesmo a família. Ele se afasta das atividades que costumava desfrutar regularmente. Isola-se em casa e deixa de fazer todas suas atividades habituais. Passa horas apenas repreendendo-se por ser um fracasso, dizendo a si mesmo que não pode fazer nada sobre seu problema e, portanto, a situação é desesperadora.

Este estilo de vida desesperado e solitário, aparentemente, confirma a Pedro o quão infeliz e sem esperança é sua vida. Isso tudo o leva a mais ruminação negativa e a uma lenta espiral que o leva à depressão. A Figura 2-1 mostra os quatro ciclos negativos que se autoperpetuam:

- **(a)**: Pensamento negativo
- **(b)**: Evitação de atividades
- **(c):** Autorrepreensão
- **(d):** Negligência dos cuidados pessoais

Nesta seção, examino a identificação de problemas em cada domínio e o estabelecimento de metas, para que você possa ir em direção a reações mais saudáveis.

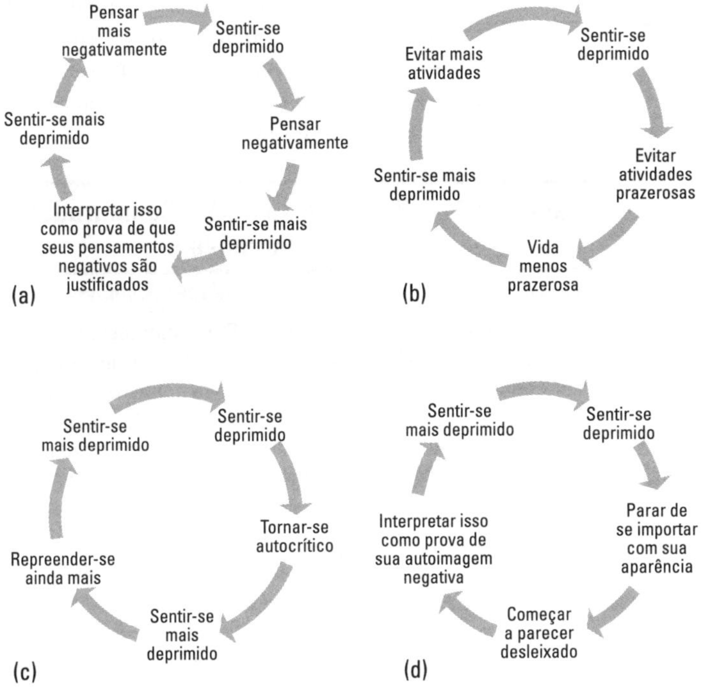

Figura 2-1: Os quatro ciclos negativos.

Definindo os problemas e estabelecendo metas

Quando você compreende os três domínios (veja a seção anterior), pode usá-los para definir um quadro exato dos problemas associados à sua depressão. Munido deste quadro, você pode, então, comparar seus pensamentos, sentimentos e comportamento com uma resposta mais saudável à mesma situação.

Para ilustrar, sigamos com o exemplo de Pedro, da seção anterior.

Dê uma olhada na Tabela 2-1. Na coluna à esquerda, você pode ver as reações cognitivas (pensamentos), emocionais (sentimentos) e comportamentais de Pedro; na coluna à direita, há uma reação saudável à mesma situação. As duas reações diferentes são igualmente válidas.

Tabela 2-1 Reações de Pedro Comparadas a Reações Saudáveis

Pedro	*Reação Saudável*
Pensamentos: Sou imprestável e não valho nada. Não consigo me ver conseguindo outro emprego. Decepcionei minha família e meus amigos pensarão que sou um fardo. Minha vida está acabada. Pedro imagina amigos falando sobre ele, criticando-o e rejeitando-o. Ele se lembra de seus tempos de escola, quando era rejeitado e excluído.	**Pensamentos:** Esta situação é uma oportunidade para um novo começo. A empresa devia me dar valor, já que me mantiveram por 23 anos. Tenho muitas habilidades e experiência para oferecer. Minha família vai me apoiar. Pode ser difícil, mas juntaremos forças e superaremos isso. Meus amigos vão querer me ajudar a encontrar outro emprego. Imagens saudáveis incluem encontrar um emprego melhor e mais interessante. As memórias são de superação de situações difíceis no passado.

Pedro	***Reação Saudável***
Sentimentos: Pedro sente-se deprimido, desconfortável perto de outras pessoas e sem esperança a respeito do futuro. Seu sono está perturbado, por isso ele está sempre cansado. Ele perde sua confiança e motivação. Teme cada novo dia.	**Sentimentos:** Otimista, animado, apreciando o apoio da família e amigos. Gostando de ter mais tempo para escolher o que fazer. Motivado a procurar e aproveitar ao máximo as oportunidades. Energizado e entusiasmado em relação à vida e a construir um novo futuro. Preocupações realistas a respeito de limitações financeiras temporárias.
Comportamento: Pedro começa a evitar amigos e família. Para de fazer atividades cotidianas que apreciava. Ele fica em casa.	**Comportamento:** Estabelece uma rede de contatos e busca emprego, reavalia seu estilo de vida e aprecia ter mais tempo para a família e amigos. Planeja e poupa para limitações financeiras. Constrói um novo futuro.

Entendendo a conexão pensamento-sentimento

Quando você identifica os problemas e entende o que está causando sua depressão (veja a seção anterior), começa a ver o que precisa mudar em cada um dos três domínios, a fim de superar o problema. Você pode, então, definir para si mesmo metas em cada domínio. Esses objetivos formam uma estrada, levando-o de suas reações prejudiciais até respostas mais saudáveis e úteis em cada área.

Nesta e na próxima seção, examino as duas ligações entre os três domínios: do pensamento aos sentimentos e, em seguida, dos sentimentos ao comportamento. Essas conexões são elementos-chave no modelo da TCC e são fundamentais quando você foca na mudança da forma como reage a pensamentos e emoções.

Quando algo faz com que uma pessoa se sinta ansiosa, deprimida, furiosa e assim por diante, a maioria das pessoas naturalmente supõe que o evento causou a emoção (a *abordagem do senso comum*). Mas considere o seguinte exemplo:

Você está andando pela rua e vê uma velha amiga; acena e diz olá, mas sua amiga passa por você, sem reconhecê-lo. Eis quatro possibilidades do que pode pensar e como tais pensamentos podem fazer você se sentir:

- "Ela não gosta de mim, acha que não vale a pena falar comigo; provavelmente deve ser assim que os outros se sentem a meu respeito também."

  É provável que este tipo de pensamento faça você sentir-se deprimido e desconfortável perto das pessoas.
- "Como ela está sendo mal-educada comigo; não há razão para ser assim."

  É provável que este tipo de pensamento faça você sentir-se zangado, irritado ou aborrecido.
- "Ela parecia triste e preocupada; espero que esteja tudo bem com ela."

  É provável que este tipo de pensamento faça você sentir preocupação e compaixão por sua amiga.
- "Eu me pergunto o que está errado; ela não costuma ser assim."

  É provável que este tipo de pensamento faça você sentir-se curioso e bastante neutro emocionalmente.

Como você pode ver, seus pensamentos e crenças — não o evento em si — determinam a forma como você se sente em relação ao evento. A TCC usa um modelo chamado de *ABC cognitivo* para ajudá-lo a identificar esses pensamentos e crenças:

- **A = Um evento ativador:** a situação ou evento gatilho
- **B = Sistema de crenças:** a maneira como você pensa ou a forma como você interpreta o evento
- **C = Consequências:** a emoção que você sente e o que você faz

Em comparação com a abordagem do senso comum, a TCC acrescenta no meio a fase B (a Figura 2-2 compara os dois modelos). O modelo cognitivo ABC é um princípio importante da TCC.

Abordagem do senso comum

Evento – – – – – – – – – – – – – – – – - Emoção

Modelo da TCC

Evento – – – -Pensamentos e crenças– – – Emoção

Figura 2-2: O modelo cognitivo ABC comparado com a abordagem do senso comum.

Outro princípio importante da TCC é que o pensamento é habitual. Se você está deprimido, um padrão negativo de pensamento rapidamente torna-se uma resposta automática e influencia o modo como você vê e interpreta o mundo.

Estes *pensamentos automáticos negativos* (PAN — pense nas "panquecas", pois como elas, os pensamentos são chatos) podem ter um impacto muito negativo sobre seu estado emocional, fazendo com que você se sinta deprimido, sem esperança e preso em uma espiral de depressão. Não aceite os PANs como verdades.

Os PANs podem levá-lo a atribuir significados exagerados ou imprecisos a eventos, sem perceber. Este problema é real porque o significado que você atribui a um evento determina sua resposta emocional a ele. Portanto, é preciso questionar se os significados dados são totalmente precisos, racionais ou úteis.

Linda se divorciou depois que seu marido a deixa para investir em um relacionamento com uma colega de trabalho. Os PANs de Linda são:

- Ele me deixou porque eu sou velha e pouco atraente.
- Ninguém mais vai me querer agora.
- Vou ficar sozinha e infeliz para o resto de minha vida.

O pensamento leva ao sentimento

Embora não seja exatamente um Drummond, o pequeno poema expressa claramente a ideia de que seus pensamentos têm uma forte influência no modo como você se sente. Ele o encoraja a prestar atenção em seus pensamentos e a considerar se você está pensando de uma forma útil ou não.

Observe o jardim de seu coração
Onde os problemas entrar não poderão
Pois pequenos pensamentos são sementinhas
E em flores ou em ervas daninhas
Todos eles se transformarão

Como resultado da crença nesses PANs, Linda se sente infeliz. Ela acredita que nada pode fazer para tornar sua vida suportável e perde toda a esperança de um futuro feliz. O problema é que ela não questiona esses PANs e crenças, mas os aceita como verdades e, como resultado disso, sente-se desmotivada e se afasta de situações sociais. Ela imagina outras pessoas se compadecendo dela, ou, pior, ridicularizando-a, de modo que ela se isola em casa. Este estilo de vida solitário mantém as crenças negativas de Linda, as quais ela vê como prova de que suas crenças são corretas.

Depois de três infelizes anos, oferecem-na a TCC. Após identificar os PANs e crenças que estavam mantendo sua depressão, ela é incentivada a questionar seus pensamentos e testar suas crenças. Começa, então, a entender como seu ponto de vista negativo das coisas e seu comportamento de evitação são profecias autorrealizadas.

Linda decide que não tem nada a perder caso tente ver o que acontece se voltar a se socializar. Lentamente, começa a participar de eventos sociais e até mesmo se associa a um clube de boliche (algo de que ela gostava). Linda logo descobre que suas crenças e seus pensamentos negativos eram radicais e inúteis. Agora, tem uma boa vida social e está bem mais feliz. Ela teve alguns encontros e está esperançosa de que um dia viverá um relacionamento satisfatório.

O exemplo de Linda demonstra que manter crenças e pensamentos inquestionáveis sobre si mesmo, outras pessoas e o futuro — e atribuir significados inquestionáveis a eles — pode transformar uma situação difícil em depressão. Este fato é especialmente verdade se você agir seguindo essas crenças, isolando-se ou se afastando de atividades que tornam sua vida significativa.

Você pode descobrir se o significado que está atribuindo a um evento é irracional fazendo a si mesmo as seguintes perguntas:

- **Como uma pessoa saudável, inteligente e confiante reagiria e pensaria nesta situação?** Por exemplo, qual a diferença entre seus pensamentos e crenças e aqueles desta outra pessoa?
- **Estou tomando um único evento negativo e supondo que ele reflete a forma como minha vida sempre vai ser?** Por exemplo, você não consegue um emprego ao qual se candidatou e supõe que nunca conseguirá *nenhum* outro ao qual se candidatar, por isso não há razão em procurá-los.
- **Estou sendo excessivamente autocrítico?** Por exemplo, eu chegaria às mesmas conclusões se este evento acontecesse com alguém com quem me importo? Eu seria tão duro e tão crítico com eles?
- **Estou confundindo sentimentos com fatos?** Por exemplo: eu me sinto estúpido, portanto, devo ser estúpido; ou, eu me sinto indigno de amor, então devo ser indigno de amor.

Levar estas perguntas em consideração permite que você ajude a si mesmo e determine se está deixando as coisas mais difíceis do que realmente são. É possível que a situação seja difícil, mas sua reação a ela pode piorá-la ainda mais, caso você caia nestas armadilhas negativas.

Investigando a conexão sentimento-comportamento

Se você analisar por que se comporta como se comporta, descobre que o que você faz é em grande parte determinado por como se sente:

- Quando cansado, você dorme.
- Quando com fome, você procura por alimento.
- Quando chateado, você chora ou busca conforto.
- Quando assustado, você foge.

Todo comportamento serve a um propósito, que é muitas vezes buscar alguma coisa agradável ou evitar algo desagradável. Quando você está deprimido, seu comportamento é quase sempre de evitar sentimentos desagradáveis associados aos seus pensamentos e crenças depressivos.

A história de Nathan ilustra como o comportamento de evitação piora a depressão.

Nathan trabalha na cidade e é relativamente bem-sucedido. Sempre foi um homem moderno, com o lema "trabalhar muito, divertir-se muito". Ele trabalha durante longas horas e, quando não está trabalhando, muitas vezes pode ser encontrado escalando a encosta de uma montanha.

Então, Nathan descobre que sua esposa está tendo um caso.

Nathan está destruído; ama sua esposa e se culpa por seu caso. Diz a si mesmo que ela o deixou porque ele não a fazia feliz. Todo seu árduo trabalho parece inútil e isso afeta seu emprego. Quando seu chefe começa a criticá-lo, Nathan se culpa por isso também.

Ele se sente envergonhado. Ser bem-sucedido sempre foi importante para a autoestima de Nathan, e agora que ele se vê como um fracasso, imagina que os outros o vejam assim também. Começa a sentir-se desconfortável perto dos outros, imaginando que estão pensando mal dele, por isso, começa a evitar as pessoas.

Completamente sozinho, Nathan sente-se infeliz e isolado. Ele negligencia sua aparência e higiene pessoal. Quando se avista em um espelho, ele vê um fracassado desleixado e com a barba por fazer; e se deprime. Quando olha ao redor, em seu apartamento, do qual sempre se orgulhou, Nathan agora só vê quão desarrumado deixou que ele ficasse; e sente-se envergonhado.

A TCC incentiva as pessoas a descobrirem a que estão reagindo quando se comportam da forma como se comportam, e o que elas estão buscando ou evitando.

O fato é que o estilo de vida anterior de Nathan lhe deu muitos motivos para se sentir feliz. Sua ampla gama de atividades e realizações contribuiu para sua autoestima e satisfação. A Figura 2-3 mostra as coisas que fizeram a vida de Nathan interessante, estimulante e compensadora. A essa altura, Nathan estava feliz e levando um estilo de vida do qual se orgulhava. Sentia-se contente por alcançar o sucesso no relacionamento, no trabalho, com as amizades, no esporte etc.

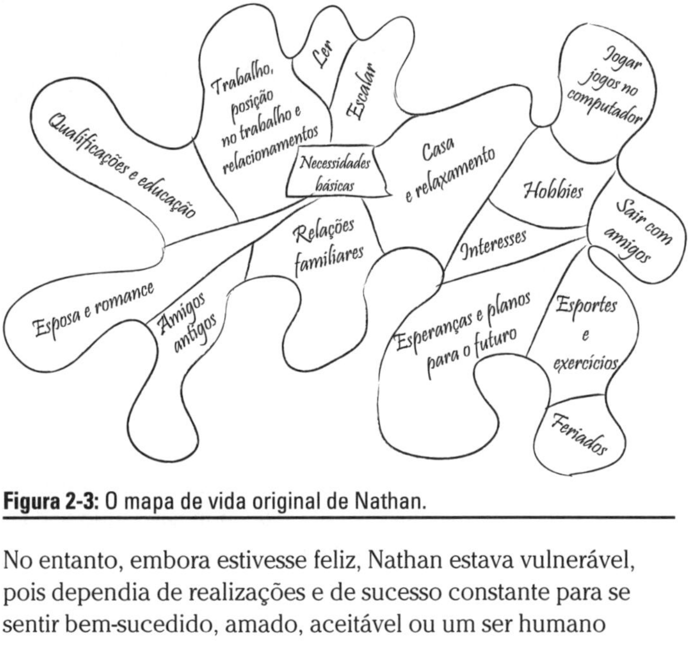

Figura 2-3: O mapa de vida original de Nathan.

No entanto, embora estivesse feliz, Nathan estava vulnerável, pois dependia de realizações e de sucesso constante para se sentir bem-sucedido, amado, aceitável ou um ser humano digno. Portanto, quando as coisas começam a dar errado para Nathan, sua visão de si mesmo muda e ele se sente constrangido, envergonhado e fracassado.

A Figura 2-4 contém o mapa de vida de Nathan depois que ele muda seu comportamento para forma negativa e começa a evitar as coisas. Compare-o com seu mapa de vida original (na Figura 2-3). Você pode ver que, quando sua mulher o abandona, Nathan reduz suas atividades e evita tantas situações que muito rapidamente acaba com um estilo de vida que pode fazer qualquer um sentir-se deprimido.

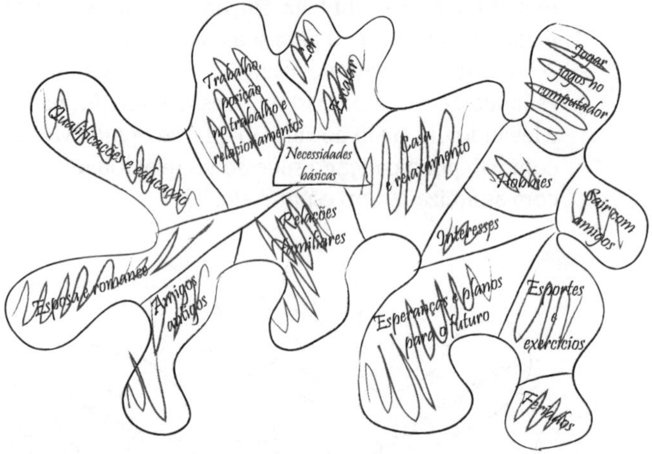

Quase todas as necessidades, com exceção das básicas, são interrompidas ou evitadas.

Figura 2-4: O mapa de vida de Nathan depois de sua mudança de comportamento.

O elemento chave que leva à depressão de Nathan não é que ele se sente para baixo, o que é uma reação normal e saudável ao caso de sua esposa e que vai melhorar com o tempo. Não, o problema está no comportamento de evitação de Nathan: as mudanças em seu estilo de vida somam mais e mais motivos para que se sinta infeliz, assim, ele acabou não tendo nada além de sofrimento e autocrítica em sua vida.

Você pode ver que as pessoas que começam a vivenciar sentimentos negativos em reação a eventos negativos da vida são muitas vezes tentadas a comportarem-se de uma maneira que as torna mais deprimidas. A Tabela 2-2 mostra alguns exemplos de conexões entre sentimentos e comportamentos negativos que contribuem para a depressão. Mesmo estes poucos exemplos mostram que o padrão de evitação é sempre um problema.

Tabela 2-2 Sentimentos e Comportamentos que Contribuem para a Depressão

Sentimento	*Resposta Comportamental*	*Consequências*
Você se sente indigno de amor.	Você tenta evitar machucar-se, evitando as situações em que pode vivenciar o amor.	Você não vivencia o amor e não consegue livrar-se de sua crença de que é indigno de ser amado.
Você se sente um fracasso.	Você tenta evitar o fracasso de ser visto pelos outros exigindo perfeição de si mesmo ou evitando o desafio completamente.	A perfeição não é possível, então você constantemente não consegue alcançá-la e se sente pior. Ou, se você evita o desafio completamente, não consegue livrar-se de sua crença de que teria fracassado, então você mantém crença.
Você se sente envergonhado/ constrangido.	Você supõe que os outros serão críticos e tenta evitar as críticas, evitando as pessoas.	Você não consegue descobrir que os amigos são geralmente amáveis e compreensivos e impede que lhe deem o apoio de que precisa.

continua

Tabela 2-2 Sentimentos e Comportamentos que Contribuem para a Depressão – *Continuação*

Sentimento	*Resposta Comportamental*	*Consequências*
Você se sente infeliz/ deprimido.	Você supõe que os outros vão se sentir deprimidos por sua depressão e eles não vão gostar de você como resultado disso, então você tenta evitar esta possibilidade, evitando os outros.	Você não tem nenhum contato com os amigos, não consegue obter o apoio deles, e acredita que eles estão rejeitando você, quando na verdade a realidade é justamente o oposto.

Interrompendo a Espiral de Depressão

As seções anteriores "Entendendo a conexão pensamento--sentimento" e "Investigando a conexão sentimento-comportamento" mostram as fortes ligações entre pensamentos, sentimentos e comportamentos. Seus pensamentos criam seus sentimentos e seus sentimentos causam seu comportamento e, finalmente, você pode acabar dando voltas e voltas em um círculo depressivo (veja a Figura 2-5).

A boa notícia, entretanto, é que compreender este processo depressivo é o primeiro passo para interromper o ciclo e melhorar seu humor.

Dedique um tempo para desenhar seus próprios ciclos depressivos (e não me refiro a triciclos infelizes, com para-lamas abatidos e guidão desanimado). Pergunte a si mesmo "O que estou evitando? Que sentimentos me fazem querer evitar isso?

Que pensamentos tenho que me fazem sentir desse jeito?". Fazer este exercício realmente ajuda a entender quais questões estão mantendo você deprimido e pode, até mesmo, fornecer algum insight sobre quais experiências passadas o influenciaram e estão contribuindo para sua depressão.

Selecionar e praticar algumas ações positivas nos três domínios é de vital importância, pois este ataque em três frentes é o que faz da TCC a terapia mais eficaz para o gerenciamento da depressão. Se você estiver deprimido há algum tempo, é provável que tenha alguns hábitos de longa data, especialmente nos domínios do pensamento e do comportamento — e você pode precisar de persistência para superar esses nocivos elementos habituais.

Não desista, porque você *pode* quebrar o ciclo. A mudança pode começar lentamente, mas, conforme progride, as coisas tendem a evoluir gradativamente e você logo percebe a vida melhorar.

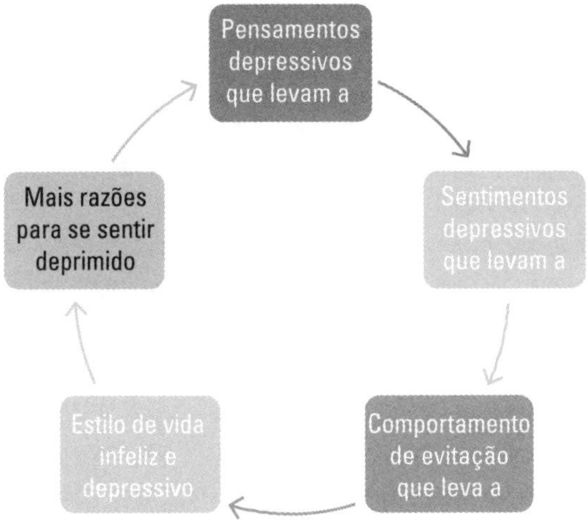

Figura 2-5: O círculo depressivo.

Parte II

Colocando em Prática O Que Você Descobrir

A 5ª Onda Por Rich Tennant

"Meu palpite, Sr. Pereira, é que o senhor continua fazendo montanhas com seus problemas."

Nesta parte...

Eu explico como atacar seus sintomas de depressão e o conduzo ao caminho para uma vida mais feliz. Você analisa seu pensamento (memórias e todas as coisas negativas que acontecem em sua cabeça), suas emoções, seus sintomas (com dicas para controlá-los) e seu comportamento. Se você quer que sua vida seja diferente, tem que começar a agir de forma diferente — e eu lhe mostro como.

Capítulo 3

Pensando Sobre o Pensamento

Neste Capítulo

- Descobrindo processos escondidos de pensamento
- Resolvendo seus erros de pensamento

A depressão geralmente apresenta problemas em três áreas gerais de sua vida: pensamentos, sentimentos e comportamentos (como descrevo no Capítulo 2). Neste capítulo, dou uma olhada na primeira dessas áreas: os pensamentos. Tecnicamente chamado de *domínio cognitivo*, ele abrange o que está acontecendo em sua cabeça, como pensamentos, imagens, memórias, crenças, critérios e regras. Se você tem certeza de que sua mente e seus pensamentos estão sempre do seu lado, este capítulo pode fazer com que você "pense" de novo!

Eu o ajudo a avaliar e explorar o que acontece no domínio cognitivo, para que você possa entender o que causa e mantém os problemas e impede que você melhore. Examinar seus pensamentos, os valores e critérios nos quais se baseia para viver, permite que você descubra o que contribui para sua depressão e, por sua vez, ajuda-o a adotar uma mentalidade mais racional a qual lhe permita progredir no combate à depressão.

LEMBRE-SE

Estar disposto a comprometer-se com o processo de recuperação da depressão é de vital importância. Se você está deprimido há algum tempo, é provável que tenha hábitos de longa data no domínio do pensamento. Você precisa de persistência para superar esses hábitos nocivos, mas, desde que não desista, e como as coisas tendem a mudar progressivamente, fará progressos crescentes e notará uma melhora.

Revelando Seus Processos de Pensamento Subjacentes

As pessoas tendem a tomar como verdades o que pensam e simplesmente aceitam os valores e as crenças resultantes que possuem. Estas opiniões podem ser sobre ajustarem-se no mundo e relacionarem-se com outras pessoas, ou pensamentos negativos sobre si mesmos. Esse tipo de pensamento tende a levar a hábitos de pensamento insalubres. Mas nem tudo que você pensa é verdade, e se os pensamentos fazem com que fique deprimido, você precisa questionar tais suposições.

Para ser bem-sucedido ao examinar seus pensamentos, é necessário ter uma mente aberta. Você precisa estar disposto a explorar pensamentos e a identificar de onde eles vêm. Além de adotar essa exploração aberta e questionadora dos pensamentos, assumir uma abordagem científica é importante — isto é, não aceitar os pensamentos porque eles "parecem verdadeiros", mas estar disposto a olhar as provas e julgar seus pensamentos com base nessas provas.

Meu objetivo nesta seção é ajudá-lo a desenvolver crenças úteis, flexíveis, que não sejam radicais e que lhe permitam ficar mais confortável em relação a si mesmo e a outras pessoas.

LEMBRE-SE

Obviamente, os valores e as crenças que você mantém se originam de suas experiências e do contexto do mundo em que vive, da maneira como as outras pessoas se relacionam com você e das lições que a vida lhe ensinou. Você nem sempre pode alterar seu ambiente (especialmente voltando no tempo!), mas pode encontrar uma maneira mais útil de compreender e reagir a seu ambiente atual.

Ai! Enfrentando as cognições quentes

Ao explorar seus pensamentos, valores e crenças, é útil estar ciente daquilo que os terapeutas de TCC chamam de cognições quentes. Uma *cognição quente* é qualquer pensamento, imagem ou memória que cria uma resposta emocional dentro de você.

Pense nas cognições quentes como suas questões sensíveis — todas as coisas que realmente provocam e irritam você. Elas também são setas gigantes que apontam para os problemas que você precisa trabalhar e com os quais precisa descobrir como lidar.

Como as cognições quentes fazem você sentir-se desconfortável, chateado ou mesmo angustiado, sua reação natural é evitar tais questões e tentar não pensar nelas. Infelizmente, essa reação muitas vezes leva-o a evitar situações ou gatilhos que o lembrem de suas cognições quentes.

Por exemplo, se você sofreu muita rejeição em sua vida, pode sentir uma onda de sentimentos tristes e ansiosos quando cogita estar perto de outras pessoas. Isso ocorre porque pela sua mente passam rapidamente memórias e pensamentos apreensivos de quando as pessoas o machucaram no passado.

Como resultado disso, a tendência natural — e tentação sedutora — é tentar evitar as outras pessoas e o desconforto associado. Mas, então, você não tem nenhuma experiência positiva com outras pessoas. Dessa maneira, você continua a acreditar que será rejeitado, enquanto se der a si mesmo a oportunidade de experiências positivas com outras pessoas, começará a mudar essa crença de acordo com suas experiências mais positivas.

As cognições quentes são um dos principais processos que fazem com que as pessoas fiquem deprimidas.

Monitorando os pensamentos e o modo como eles fazem você se sentir

Seus pensamentos e sentimentos estão intimamente ligados: você não sente nada sem pensar em algo negativo — os chamados pensamentos automáticos negativos (PANs, como vimos Capítulo 2). Agora, você começará a usar esse conhecimento para descobrir seus pensamentos negativos nocivos específicos, que fazem com que você se sinta deprimido. Quando se acostuma a perceber esses PANs, passa a desafiá-los e a identificar quaisquer imprecisões ou padrões inúteis. Isto lhe permite desenvolver pensamentos alternativos mais úteis e reações a estas questões.

A conexão entre pensamentos e sentimentos significa que os PANs podem rapidamente tornar-se hábitos de pensamento negativo inúteis. A familiaridade deles faz com que pareçam plausíveis ou verdadeiros. Mas, quando você realmente analisa estes pensamentos, muitas vezes descobre que eles não são tão precisos quanto pensa e que, na verdade, eles contêm erros e suposições que não resistem a uma análise mais detalhada.

Um passo inicial é coletar informações relevantes para que você possa encontrar os PANs inúteis e o que os aciona. Para fazer isso, use uma ferramenta chamada de registro diário de pensamentos (RDP), exposto integralmente no Capítulo 4.

Use a ferramenta RDP cada vez que encontrar uma cognição quente. Para mais informações sobre cognições quentes, consulte a seção "Ai! Enfrentando as cognições quentes". No apêndice há um registro diário de pensamentos em branco, onde você pode registrar seus próprios pensamentos.

Identificando os gatilhos

Quando tiver registrado seus pensamentos por uma semana, você deve explorar a coluna um ("situação") da Tabela 4-1. Seu objetivo é descobrir os padrões subjacentes. Use as seguintes perguntas, para se orientar:

- O que essas situações ou gatilhos têm em comum?
- Com o que você se preocupa em tais situações?
- Por que está percebendo essas situações? Em outras palavras, você está buscando sinais de perigo?

  Este hábito nocivo de esquadrinhar em busca do que você teme é geralmente uma tentativa de prever problemas e evitá-los. O problema aqui é que de nove em cada dez vezes suas previsões negativas são incorretas, mas você não consegue desmenti-las e, desta forma, mantém suas crenças negativas.

  Se você se pegar fazendo isso, pergunte-se qual medo está por trás desse esquadrinhamento. O que esse medo indica que você acredita a respeito de:

  - Você mesmo?
  - Outras pessoas?
  - O mundo / o futuro?

No exemplo a seguir, veja como o uso desta técnica ajudou Thomas a explorar seus PANs e perceber qual medo estava mantendo-os.

Thomas examinou sua coluna "situação" e percebeu o seguinte:

- Todas as situações eram quando ele estava no trabalho ou em locais onde ele achou que estava sendo julgado.
- Ele pensava que as pessoas estavam julgando-o de forma negativa (como se não estivesse à altura).

- Ele estava sempre "em alerta", à procura de sinais, indícios ou indicações de que alguém possivelmente estivesse julgando ou avaliando-o.
- O medo subjacente era que ele seria visto como incompetente ou como se não fosse bom o suficiente.
- Sem realmente se dar conta disso, ele temia e/ou acreditava no seguinte:
  - Sobre si mesmo:"Vou cometer erros e fazer as coisas erradas (sou vulnerável e incompetente)".
  - Sobre as outras pessoas:"As outras pessoas vão se aproveitar de mim ou me rejeitar se me virem (elas são severas, desagradáveis ou mal-intencionadas)".
  - O mundo / o futuro:"É perigoso e ameaçador".

Desenterrando suas regras subjacentes

Quando as pessoas têm e acreditam em crenças insalubres, elas geralmente tentam proteger-se das consequências de tais crenças. Tendem a prever situações de perigo e evitá-las e, nesse processo, desenvolvem regras para seguir como proteção.

Thomas, na seção anterior, criou algumas regras:

- Estar atento (procure com cuidado) a situações em que posso ser visto como sendo nada mais nada menos que perfeito.
- Tentar prever o que as pessoas podem estar pensando de mim.
- Tomar medidas para evitar as críticas que possam vir a acontecer.
- Evitar todas as situações em que eu possa ser julgado.
- Preparar-se bastante e tentar parecer perfeito se a evitação for impossível.

LEMBRE-SE

Apenas imagine viver com tais regras: que fardo! Elas exigem que você gaste muita energia mental para prever situações de perigo e para tomar medidas para se proteger. Embora você possa desenvolver essas regras para proteger a si mesmo, os efeitos negativos de segui-las superam de longe qualquer benefício que oferecem.

Atribuindo culpa e cometendo erros de juízo

Quando as pessoas tentam seguir um conjunto de regras, como Thomas, elas inevitavelmente se deparam com situações em que têm dificuldades para obedecê-las. Por exemplo, ter uma regra de que você não deve se deixar ser visto cometendo um erro significa exigir perfeição de si mesmo — e ninguém é perfeito. Como resultado disso, essas regras o levam a fracassar, porque fazem exigências descabidas. Então, quando deixa de cumprir esses padrões impossíveis, você se culpa e sente que é um fracasso.

Além disso, quando suas regras exigem um pouco de leitura da mente, como frequentemente fazem, você tende a sentir raiva e ressentimento em relação às pessoas que imagina estarem criticando ou ridicularizando você. Mas isso geralmente é um erro de juízo injusto para com as pessoas ao seu redor. Você está baseando suas suposições sobre o que elas estão pensando e sentindo em relação a você em seus medos e crenças nocivas — e essas suposições podem, muitas vezes, estar muito longe da verdade.

DICA

Todo esse esquadrinhamento, leitura da mente e evitação implica um alto custo emocional e pode ser um fator importante em sua depressão. Tente fazer uma lista de suas regras, com base na análise de suas próprias situações desencadeadoras. Em seguida, faça uma análise de custo-benefício. Pergunte a si mesmo quais suposições você está fazendo e que provas você tem da exatidão de suas suposições.

Reconhecendo Erros de Pensamento

Uma habilidade fundamental que você precisa quando enfrentar seus pensamentos inúteis é ser capaz de reconhecer quando seu pensamento é incorreto ou inútil. A TCC oferece descrições de algumas das formas mais comuns de pensamento distorcido. Estes *erros de pensamento* podem ajudá-lo a identificar imprecisões ou deslizes em seu pensamento que podem estar contribuindo para sua depressão.

Erros de pensamento impedem que você veja as coisas claramente, porque fazem com que você distorça os fatos, tire conclusões precipitadas e suponha o pior. Mas você tem a capacidade de reconsiderar seus pensamentos, pausar e questionar a exatidão de seu pensamento, detectar pensamentos inúteis e encontrar alternativas mais racionais e úteis.

Nesta seção, descrevo esses erros comuns e ofereço exemplos de como eles podem afetar seu pensamento quando você está deprimido. Divido os erros em dois grupos genéricos: pensamento negativo e pensamento exagerado — embora claramente exista alguma sobreposição.

DICA

Tente familiarizar-se com estas descrições de erros de pensamento, porque isso é um passo importante para uma versão mais saudável e mais feliz de você. Reconheça quando pode estar vivenciando esses erros em sua própria vida (no Capítulo 4, você aprenderá a mudar seu pensamento e melhorar seu humor e comportamento).

Pensando negativamente

Não é surpresa que o pensamento negativo é comum entre pessoas com depressão. O futuro torna-se assustador e, depois de um tempo, os pensamentos positivos não conseguem encontrar um jeito de entrar.

Prevendo o futuro negativamente

Pessoas com depressão muitas vezes se sentem realmente ansiosas sobre um evento ou ocasião próximos e, assim, dedicam-se a um "ensaio negativo", onde todos seus piores medos se tornam realidade. No entanto, após o evento, elas frequentemente relatam que não foi tão ruim quanto temiam e que a maioria de suas previsões negativas não se concretizou.

O problema é que os medos e as previsões negativas interferem em sua capacidade de apreciar o evento enquanto este acontece e, assim, aproveitá-lo ao máximo. Portanto, mesmo que seus receios não se concretizem, ainda assim eles têm uma experiência desagradável pois suas expectativas negativas e medos inibem sua capacidade de participar plenamente do evento. Dessa forma, mantêm suas expectativas de que não vão desfrutar de futuros eventos semelhantes, o que leva a mais previsões negativas e ensaios negativos, que sugam a alegria de eventos os quais deveriam ser felizes e prazerosos.

Jane está sofrendo de depressão; ela parou de se socializar e se isolou. Ela evita até mesmo telefonemas e contatos de amigos próximos, pois não quer que vejam quão deprimida ela está. Mas, ao receber um convite para o casamento de sua melhor amiga, ela sente que deve ir. Em vez de aguardar ansiosamente, Jane se preocupa com todas as coisas negativas que podem acontecer: as pessoas serem críticas, ressentirem-se com ela por perder o contato, repararem em como ela está se sentindo mal e não compreenderem. Ela imagina quão desconfortável se sentirá e que desanimará os demais, estragando o casamento de sua melhor amiga.

Na verdade, no casamento, Jane se surpreende com a forma como as pessoas ficam satisfeitas de vê-la e como os amigos que sabem que ela está deprimida lhe dão apoio. Embora se sinta um pouco desconfortável em alguns momentos, ela percebe que isso se deve a seus próprios pensamentos e sentimentos — não por seus medos tornarem-se realidade. Jane vai embora sentindo-se melhor do que antes, porque percebe que não está sozinha e que tem alguns bons amigos que se preocupam com ela. Por isso, não deixe suas preocupações tornarem-se profecias autorrealizadoras, que lhe privam das experiências positivas que você pode ter com outras pessoas.

Rotulando negativamente

A *rotulação* é o processo de colocar rótulos negativos em pessoas ou situações, incluindo a si mesmo:

- **Rotular-se negativamente provoca baixa autoestima e enfraquece sua motivação.** Você se rotula como um fracassado ou imprestável, o que então se torna uma profecia autorrealizada, pois acreditar neste rótulo faz com que você evite o fracasso ao não tentar nada.

  Você não se sente um fracassado porque fracassou, mas porque não está tentando. A evitação significa que você também evita a possibilidade de sucesso.

- **Rotular as outras pessoas como "ruins" ou "desagradáveis" faz com que você sinta raiva e ressentimento em relação a elas, e rotular o mundo como "inseguro" ou "injusto" faz você se sentir desesperançado.** Por exemplo, quando você lê sobre uma velha senhora que foi assaltada por um grupo de adolescentes, você pode rotular todos os adolescentes como pessoas perigosas e desagradáveis, fazendo com que você se sinta inseguro e hostil em relação a todos os adolescentes.

Você não vai bem em uma prova e rotula a si mesmo como "burro", o que enfraquece sua motivação para tentar novamente ou para estudar, porque o rótulo significa que você vai fracassar de qualquer maneira e, então, nada faz diferença. Motivação para tentar exige a crença de que você pode ter sucesso.

Esse tipo de pensamento é como usar antolhos mentais (como aquelas peças de couro que limitam a visão dos cavalos). Depois que você rotula algo, ver de qualquer outro modo é muito difícil. Seu cérebro não consegue ver nenhuma prova que contradiga o rótulo. Por isso, tire seus antolhos e acredite nas provas, não nos seus rótulos existentes.

Adivinhando o pior

Algumas pessoas gastam muita energia mental imaginando que sabem o que os outros estão pensando. Por mais estranho que pareça, no entanto, essas pessoas nunca parecem imaginar os outros pensando bem delas ou admirando-as. Elas quase sempre imaginam coisas negativas e depreciativas na mente das pessoas.

Um amigo lhe diz que não vai conseguir ir à festa para a qual você o convidou. Você imediatamente chega à conclusão precipitada de que ele está evitando-o e não gosta mais de você.

Seu parceiro chega do trabalho um pouco calado e mais quieto do que o habitual. Você imediatamente pensa: "Ele está se desinteressando por mim; está infeliz com o nosso relacionamento e quer terminar tudo".

Este tipo de pensamento muitas vezes envolve a interpretação errônea de sinais ou indícios e o leva a dar a pior interpretação possível ao que alguém diz ou faz.

Então, se você se pegar adivinhando o pior por meio de leitura mental, tente mudar as táticas que o têm mantido deprimido. Em vez disso, procure pelo bem nos outros e dê-lhes o benefício da dúvida.

Desqualificando o positivo

Desqualificar o positivo é cometer o erro de descartar qualquer prova, mesmo que positiva, que entre em conflito com sua visão negativa das coisas. Desta forma, você não consegue ajustar seus pontos de vista à luz da realidade e mantém suas crenças e opiniões negativas. Essas pessoas dizem coisas como: "Não há razão em permitir-se ser feliz ou desfrutar de algo, porque não vai durar". Quem comete este erro de pensamento costuma encontrar desculpas muito criativas sobre a razão pela qual suas conquistas e seus sucessos não contam. Este pensamento realmente tira a alegria da vida.

Você pensa em si mesmo como imprestável e inútil. Um amigo lhe diz como você é um ótimo amigo e quanto ele valoriza sua amizade. Mas, em vez de se sentir satisfeito, você desconsidera o elogio, dizendo a si mesmo que ele só está dizendo isso porque sente pena de você e está tentando animá-lo.

Combata este erro de pensamento mantendo uma lista de todos os pequenos sucessos e conquistas que você tem todos os dias. Ir ao trabalho, ir à academia e, até mesmo, levantar da cama podem ser um grande sucesso quando você está deprimido. Certifique-se de se dar crédito pelo esforço que você investe nas coisas.

Pensando exageradamente

Um dos aspectos comuns da depressão é que seu pensamento torna-se fora de proporção; por exemplo, você aumenta a importância de eventos e despreza suas próprias habilidades.

Raciocínio emocional

Este erro de pensamento é quando as pessoas confundem seus sentimentos com os fatos. Certamente, elas pensam, esta é a realidade.

Como os exemplos a seguir mostram, às vezes os sentimentos podem ser irracionais e injustos, refletindo apenas suas preocupações ou inseguranças, não são um reflexo preciso da realidade.

Uma jovem mãe que luta para conciliar todos seus compromissos sente-se cansada e sobrecarregada. Sente que é um fracasso e se convence de que é uma péssima mãe. Na verdade, ela está lidando com tudo tão bem quanto qualquer pessoa em sua posição lidaria e é uma mãe muito boa e amorosa. Seus sentimentos não refletem a realidade de sua situação.

Uma estudante nota 10 sempre se sai bem em suas provas, mas, então, sofre uma perda e se distrai e, como resultado disso, só tira um 7 em uma prova. Sente-se, então, um fracasso e pensa que decepcionou seus pais. Mas só porque ela se sente um fracasso não significa que ela o *seja*. Na verdade, seus pais e professores estão muito orgulhosos dela por ter conseguido passar na prova, dadas as circunstâncias.

Pensamento tudo-ou-nada

Este erro de pensamento diz respeito às exigências e expectativas exageradas e percepções distorcidas. Trata-se de pessoas que exigem a perfeição, e se tudo não for perfeito, é um desastre total... Sem tons de cinza. Esta forma radical de pensamento leva a sentimentos e comportamentos radicais: você é perfeito ou inútil, livre de responsabilidade ou totalmente culpado, capaz de responder cada pergunta ou completamente burro.

O filho adolescente de Fátima se envolve em problemas na escola; ela imediatamente assume a responsabilidade, pensando que deve ser uma mãe ruim. Esquece totalmente que seu filho geralmente é um rapaz educado e bem-comportado. Ela demonstra uma expectativa irrealista de que ele nunca faz nada de errado.

Sara prepara uma refeição especial de aniversário para seu parceiro. Quando eles se sentam, Sara percebe que esqueceu de resfriar o vinho; ela sabe que seu parceiro gosta de vinho frio. Imediatamente, chega à conclusão precipitada de que arruinou a refeição. Embora todo o resto esteja adorável, e seu parceiro tranquilize-a dizendo que isso não é importante, Sara fica furiosa consigo mesma por ter estragado tudo.

Uma boa maneira de resolver esse erro de pensamento tudo-ou--nada é perguntando-se: "Sou assim o tempo todo, em todas as situações?". Tente desenhar uma linha com "sempre e totalmente verdadeiro a meu respeito" em uma extremidade e "nunca verdadeiro a meu respeito" na outra; em seguida, marque um "x" onde você acha que estaria neste continuum.

Catastrofização

A catastrofização é o que se costuma chamar de "fazer tempestade em copo d'água". Trata-se de exagerar e dramatizar os efeitos negativos de eventos, combinando o resultado com a previsão e o aumento dos aspectos negativos do futuro (veja a seção anterior "Prevendo o futuro negativamente").

Sílvia está prestes a sair de casa para ir a um casamento, quando tropeça e quebra o salto do sapato. Ela tem que usar um par alternativo que não combina com a bolsa nem fica tão bom como o par que planejava usar. Ela entra no modo de catastrofização: é um desastre, e se sente horrível. Continua a sentir-se pouco à vontade com seus sapatos durante todo o dia e deixa que isso estrague sua diversão no casamento.

Se você se pegar catastrofizando, tente imaginar o melhor resultado possível para a situação. Depois, tente imaginar um meio termo. Dessa forma, você pode ver que existem várias possibilidades, em vez de apenas uma (a pior).

Generalização excessiva

Neste erro de pensamento você vê um único evento negativo como prova de um padrão sem fim. Entre algumas frases que denunciam estão "Eu nunca tenho um descanso" ou "Isso sempre acontece comigo". Você pode decidir entre "as pessoas são..." ou "o mundo é...". Quando você está deprimido, muitas vezes você pode ver a sua vida como uma cadeia ininterrupta de eventos negativos, ignorando as boas experiências e coletando as negativas como evidência para provar sua generalização. Cometer este tipo de erro de pensamento rapidamente o deixa infeliz, desmoralizado e desmotivado.

Você está esperando em uma fila no caixa do supermercado. Justo na sua vez de ser atendido, seu caixa é fechado, obrigando-o a entrar em uma fila ainda maior. Você pensa consigo mesmo: "Isso sempre acontece comigo, tinha que ser. Por que essas coisas só acontecem comigo?" — e passa o resto do dia remoendo sobre como a vida é injusta.

Se a generalização em excesso é o seu padrão, tente fazer uma lista de coisas que contradigam suas memórias negativas. Por exemplo, em que você teve sucesso, o que você aproveitou e de que pessoas se aproximou.

Ter e dever

Este erro de pensamento envolve fazer exigências de si mesmo e dos outros. É uma forma de pensamento inflexível, como conseguir fazer sua esposa feliz o tempo todo, nunca magoar os outros ou sempre ser visto como bem-sucedido. Essas demandas envolvem a criação de regras para si e para os outros sem levar em conta as circunstâncias ou a capacidade de seguir essas regras e então ficar irritado, frustrado e decepcionado quando as pessoas não conseguem cumprir suas exigências desmedidas.

- "Ter e dever" direcionados a você levam a sentimentos de vergonha, culpa e indignidade quando você deixa de cumprir essas exigências impossíveis.

  Você acha que deve ter a aprovação de todos os colegas de seu trabalho. Como resultado disso, você se sente ansioso em situações de trabalho e tenta obter a aprovação de todos, muitas vezes a um alto custo pessoal para si mesmo.

- "Ter e dever" direcionados a outras pessoas causam sentimentos de raiva, ressentimento e desesperança quando as pessoas não cumprem suas expectativas irracionais.

  Você acredita que por ser atencioso e prestativo com os outros, todos deveriam se comportar da mesma maneira com você. Você, então, sente raiva e ressentimento quando outras pessoas não conseguem cumprir suas demandas.

Tente lembrar-se que tanto você quanto as outras pessoas têm o direito de escolher como viver suas vidas, que valores e regras seguir, bem como o direito de buscar a felicidade, mesmo que outras pessoas possam desaprovar essas escolhas.

Baixa tolerância à frustração

Este erro de pensamento trata de pessoas que acreditam que, porque algo é desagradável ou difícil, elas simplesmente não podem suportá-lo. Pessoas que cometem esse erro de pensamento muitas vezes subestimam gravemente sua capacidade de tolerar dor, mágoa ou frustração.

Geralmente, é o medo irracional de que algo vai ser demais para ser suportado, não a situação em si, que aumenta o estresse e o desconforto.

Este erro de pensamento leva as pessoas a procrastinarem ou evitarem tarefas difíceis, acreditando que não conseguem lidar com isso ou que tudo é demais. Mas tal evitação muitas vezes leva-os a mais dificuldades, posto que geralmente aumenta a pressão e nunca melhora as coisas.

Você recebe demandas e contas domésticas em um momento em que está sem dinheiro. Você se sente pressionado e pensa: "São muitos problemas, não consigo lidar com isso". Então, evita lidar com suas contas e enterra a cabeça na areia. Consequentemente, você recebe ultimatos ou ameaças de ação judicial, causando ainda mais pressão; você se sente oprimido, fraco e fracassado.

Como um estudante, você se sente ansioso a respeito de uma tarefa difícil. Você posterga e adia fazer o trabalho, porque acha que não consegue suportar a pressão. Conforme o prazo final se aproxima, a pressão só aumenta, criando ainda mais dificuldades para que você faça o trabalho necessário.

Tente pensar em momentos em sua vida quando você suportou essas situações, ou procure por alguém que pareça lidar bem com as coisas e se pergunte: "Qual a diferença entre a atitude dele em relação à minha?".

Examinando as evidências

A maioria dos erros de pensamento da seção anterior envolvem juízos — ou, mais precisamente, *erros* de juízo — sobre si mesmo, o mundo e outras pessoas. Você precisa ser capaz de reconhecer esta realidade e aceitar que seu pensamento é desequilibrado, inútil e está contribuindo para sua depressão.

Descobrir como examinar as provas a favor de seus pensamentos de uma forma equilibrada e útil é uma habilidade importante no combate à depressão — o que é descrito no Capítulo 4.

Capítulo 4

Mudando Seu Pensamento para Mudar Sua Vida

Neste Capítulo

- Desafiando o pensamento negativo
- Substituindo pensamentos inúteis
- Descobrindo as causas de pensamentos negativos

O pensamento negativo pode parecer com a vida em uma prisão, na qual o medo o inibe em seu trabalho, impede que você se socialize e até mesmo faz com que você acredite que qualquer melhora é impossível. Mas você não tem que viver dessa maneira: pode desafiar e substituir essa negatividade, libertando-se para ser mais confiante sobre mudar sua vida para melhor.

Neste capítulo, você descobre como mudar seus inúteis *pensamentos automáticos negativos* (PANs) e melhorar a forma como se sente (descrevo os PANs no Capítulo 2 e ajudo-o a identificar os hábitos de pensamento inúteis no Capítulo 3). Explico como desafiar seus erros de pensamento e substituí-los por *pensamentos racionais alternativos* (PRAs) mais saudáveis, que são baseados em evidências sólidas. Também examino as suposições que você faz sobre si mesmo, os outros e o futuro — aquelas crenças vagamente conscientes que você tem sobre como se encaixa no mundo. Elas têm uma influência incrivelmente poderosa sobre o modo como você interpreta as coisas e como você se sente.

Quando se tornar mais consciente de suas crenças e dos efeitos que elas têm sobre sua vida, você pode começar a testá-las e descobrir que a verdade não é tão negativa como parece às vezes. Ao fazer isso, você forma crenças mais úteis e precisas que o levam a mudar sua vida para melhor.

Livrando-se de Maus Hábitos de Pensamento

Pensamentos e crenças negativos têm um impacto adverso sobre seus sentimentos e comportamentos. Se você quer superar sua depressão, é de vital importância descobrir como reconhecer diariamente esses maus hábitos de pensamento. Testar seus pensamentos e suas crenças e desafiá-los a cada dia ajuda-o a ser bem-sucedido para fazer as mudanças necessárias em seus padrões de pensamento, e fazer com que seu pensamento adquira uma forma mais útil e precisa.

DICA Você pode desafiar suas crenças negativas fazendo a si mesmo duas perguntas fundamentais:

- Por que eu acredito nisso?
- Que provas eu tenho?

LEMBRE-SE Pensar é um hábito, e mudar os maus hábitos exige um esforço consciente por um período de tempo. Mas as recompensas que você pode ganhar em termos de superação de sua depressão fazem com que esse esforço seja um preço que vale a pena ser pago.

Levando Seus Pensamentos Inúteis a Julgamento

Você está cansado de ficar preso a seus pensamentos e crenças negativos? Espero que sim, porque querer desafiá-los e mudá-los é um grande ponto de partida para combater sua depressão. Nesta seção, você leva esses cansativos PANs a julgamento, tendo você como testemunha principal e advogado de acusação. Você não precisa ser uma fera da advocacia — apenas interrogue essas testemunhas não confiáveis, desmascare-as e aja de acordo com as provas.

Testemunhando seus pesamentos equivocados

Para tirar o máximo proveito desta seção (e do capítulo), você precisa estar familiarizado com as *cognições quentes* (pensamentos, imagens ou lembranças negativos que o levam a ter fortes respostas emocionais), analisadas no Capítulo 3.

Quando se sente deprimido, você tende a pensar de uma forma imprecisa e negativa; por isso, é crucial para seu processo dar-se conta deste erro. Embora seja necessário um pouco de esforço para reconhecer seus pensamentos equivocados, alguns dias usando seu *registro diário de pensamento* (RDP) de forma aplicada, como descrito nesta seção, traz enormes benefícios no que diz respeito à mudança de seus hábitos de pensamento depressivos. Um RDP, que mostro na tabela 4-1, tem seções individuais em que você lista o seguinte:

- **Sua situação:** Onde você está? Quem mais está por perto? O que você está fazendo? Tente incluir qualquer coisa que você ache importante no desencadeamento de seus sentimentos negativos.
- **Seus sentimentos:** Que emoção(ões) você está sentindo? Especifique-a(s). Que reação física você consegue sentir em seu corpo? Avalie quão forte é cada emoção ou reação dentro de uma escala de 1 a 10 (sendo 10 o mais forte).
- **Seus pensamentos**: Observe cada uma das emoções que você listou no item anterior. Pergunte-se que pensamentos, imagens ou memórias que estão em sua mente explicariam por que você se sente assim. Avalie quão fortemente você acredita em cada pensamento de 1 para 10 (10 é a mais alta avaliação).

Tabela 4-1 Uma Amostra de Registro Diário de Pensamento para Examinar as Cognições Quentes

Situação	*Sentimentos*	*Pensamentos*
No trabalho, meu chefe veio e me perguntou o que eu estava fazendo. Recebi uma avaliação ruim de meu chefe no ano passado.	Ansioso, frio na barriga, suado, tensão, fadiga. 9/10	Ele está tentando livrar-se de mim. Vou perder meu emprego. Imagino minha demissão. 6/10
	Furioso 7/10	Ele está sendo injusto ao me avaliar. Ele quer livrar-se de mim. Ele não gosta de mim. 9/10
	Deprimido 7/10	Não há nada que eu possa fazer sobre isso. Ele vai livrar-se de mim. Sou um fracasso. 6/10

Seu RDP é a prova número l da acusação. Você vai adicionar uma quarta coluna:

- **Suas provas**: Pegue cada um dos pensamentos que identificou e pergunte que prova você tem a favor dessa crença, e que provas tem contra ela (veja a Tabela 4-2).

Tabela 4-2 Adicionando uma Quarta Coluna ao Seu Registro Diário de Pensamentos

Situação	*Sentimentos*	*Pensamentos*	*Provas*
No trabalho, meu chefe veio e me perguntou o que eu estava fazendo. Recebi uma avaliação ruim de meu chefe no ano passado.	Ansioso, frio na barriga, suado, tensão, fadiga. 9/10	Ele está tentando livrar-se de mim. Vou perder meu emprego. Imagino minha demissão. 6/10	**A favor** — ele me perguntou o que eu estava fazendo; ele deve ter uma razão para fazer isso.
	Furioso 7/10	Ele está sendo injusto ao me avaliar. Ele quer livrar-se de mim. Ele não gosta de mim. 9/10	**Contra** — ele pode ter outras razões para me perguntar; ele perguntou a outros funcionários também.
	Deprimido 7/10	Não há nada que eu possa fazer sobre isso. Ele vai livrar-se de mim. Sou um fracasso. 6/10	Se ele quer livrar-se de mim, já poderia ter tomado uma atitude mais enérgica.

Use as perguntas abaixo para colher suas provas a favor e contra cada pensamento:

- Que provas eu tenho a favor deste pensamento?
- O que as outras pessoas pensariam se isso acontecesse a elas?
- Será que elas tirariam as mesmas conclusões precipitadas?
- Como eu teria pensado a respeito dessa situação se ela tivesse acontecido antes de eu ficar deprimido?
- Tenho alguma prova que contradiga minha interpretação desse pensamento?
- As pessoas cujas opiniões eu respeito concordam que esse pensamento é correto?
- Seria esse apenas um PAN que surge em minha mente porque estou deprimido?
- Esse pensamento é baseado em fatos ou apenas um reflexo de como me sinto?
- Já tive pensamentos assim no passado, que se revelaram não serem verdadeiros?
- Estou ignorando alguma prova contra esse pensamento?
- Que prova tenho de fato a favor desse pensamento?

Confira o box "Fazendo perguntas para identificar seus erros de pensamento" a seguir para obter mais sugestões.

Agora, acrescente uma quinta coluna ao seu RDP, à direita de sua nova coluna de provas:

- **Seus pensamentos equivocados:** Crie registros para qualquer um dos dez erros de pensamento negativos e exagerados (descritos no Capítulo 3) que você conseguir observar em seus PANs, começando com prever o futuro negativamente, rotular negativamente e assim por diante.

Usar os erros de pensamento dessa forma é uma das habilidades-chave para ajudá-lo a tornar-se mais objetivo sobre seus pensamentos e para corrigir o pensamento incorreto. Familiarizar-se com erros de pensamento ajuda-o a superar este problema, porque quando comete um desses erros de pensamento, você automaticamente reconhece-o pelo que é. Como resultado disso, essa abordagem torna-se uma maneira de pensar nova e saudável, tendo grande impacto positivo em seu humor. Quando você se acostuma a identificar esses erros de pensamento inúteis, começa a fazer isso de forma automática e seu pensamento torna-se mais preciso e positivo. Ao fazer um esforço consciente durante algumas semanas, você transformará seus PANs em alternativas mais úteis — e precisas.

Fazendo perguntas para identificar seus erros de pensamento

Use estas perguntas para identificar seus erros de pensamento até que elas se tornem uma parte automática de seu processo de pensar:

Estou prevendo o futuro negativamente em vez de manter a mente aberta e esperar para ver o que acontece?

Estou focando em meus sentimentos negativos e acreditando que esses sentimentos são fatos?

Estou supondo que sei o que as outras pessoas estão pensando e tirando conclusões precipitadas sobre o que os outros pensam de mim?

Estou pensando em termos preto e branco, tudo-ou-nada?

Estou chegando às piores conclusões possíveis?

Estou usando palavras como "sempre" ou "nunca" e tirando conclusões de forma irracional?

Estou colocando-me para baixo ao usar termos como "fracasso" ou "imprestável"? Estou rotulando as outras pessoas como hostis ou agressivas?

Estou usando palavras como "dever", "ter" ou "precisar", fazendo, assim, demandas e regras sobre mim mesmo, as pessoas e o mundo?

Estou dizendo a mim mesmo que algo é insuportável, difícil demais ou assoberbante?

Estou ignorando ou desconsiderando minhas forças, conquistas ou qualidades boas para criar uma opinião injustamente negativa?

Pense em seus PANs como um cachorrinho indisciplinado chamado Tobias. Se você repreender Tobias seis vezes ao dia por subir no sofá e empurrá-lo para baixo, mas em outras ocasiões deixá-lo subir e afagá-lo no sofá, ele continuará tentando subir lá e não vai entender que há algo de errado. Mas se você repreendê-lo e empurrá-lo cada vez que ele subir, Tobias logo perceberá que não pode ficar no sofá e desistirá de tentar. Da mesma forma, se você desafiar seus PANs a cada vez que surgirem em sua mente, eles logo desistem de tentar, e seu pensamento torna-se mais saudável, útil e racional.

Encontrando pensamentos racionais alternativos

Quando você pega o jeito para reconhecer seus PANs inúteis (ao atuar como testemunha deles e desafiá-los usando seu RDP, como descrito na seção anterior), é capaz de começar a procurar por pensamentos alternativos, mais precisos e úteis, chamados de pensamentos racionais alternativos (ou PRAs). É aqui que você adiciona uma sexta e última coluna em seu RDP:

- **Seus pensamentos racionais alternativos:** Seus PRAs devem ser sinceros, precisos, equilibrados e úteis. Por exemplo, pergunte como um indivíduo saudável e confiante pensaria nestas circunstâncias.

Esta sexta coluna é possivelmente a mais importante, e criar PRAs é uma habilidade crucial para desenvolver e praticar. Encontrar pensamentos realistas, honestos, porém mais úteis é o que faz com que você se sinta melhor (a Tabela 4-3 mostra um RDP completo com a sexta coluna no lugar).

Nesta fase do processo, a maioria das pessoas experimenta uma sensação estranha de desajuste entre seus pensamentos e a forma como se sente e, como resultado disso, acha que o processo não está funcionando. Elas relatam encontrar um PRA que parece ser verdade, mas simplesmente não parece verdadeiro. Esta experiência é normal. Quando você está deprimido há um tempo, seus pensamento e sentimentos negativos já se tornaram um hábito tão forte que suas emoções precisam de tempo para acompanhar sua nova forma mais saudável de pensar.

Perseverança é a chave. Basta continuar desafiando seus PANs e propondo PRAs realistas que logo os últimos tornam-se habituais. Então, você começa a colher os frutos em termos de sentir-se melhor.

Eis alguns passos para produzir um excelente PRA:

1. **Tenha uma atitude compreensiva e compassiva.** Comece de forma apropriada. Por exemplo:

   "É compreensível que eu me sinta um pouco ansioso com meu chefe avaliando meu trabalho. A maioria das pessoas nessa situação se sentiria assim. No entanto, como estive deprimido, provavelmente vejo as coisas de forma um pouco mais negativa do que realmente são."

2. **Olhe a coluna dos erros de pensamento de seu RDP e as provas e produza uma declaração que reflita uma versão mais precisa da situação.** Neste caso seria:

   "Meu chefe está apenas fazendo seu papel. Se ele tivesse um problema com meu trabalho, teria dito. Sei que faço meu trabalho razoavelmente bem, por isso não tenho que me preocupar com nada".

3. **Certifique-se de que a última parte de seu PRA reflita o que você vai fazer.**

   "Então, vou parar de minar minha confiança pensando negativamente sobre a situação e apenas continuar a fazer meu trabalho da melhor maneira possível. Se qualquer coisa negativa vier a acontecer, lidarei de forma adequada quando a hora chegar."

Tabela 4-3 Exemplo de Registro Diário de Pensamento Completo

Situação	*Sentimentos*	*Pensamentos*	*Provas*	*Erros de Pensamento*	*Pensamentos Racionais Alternativos (PRAs)*
No trabalho, pela manhã, uma cliente ficou insatisfeita porque não tínhamos o item pelo qual ela procurava. Ela ficou irritada, dizendo que faria uma reclamação.	Pânico, ansiedade, medo, palpitações, transpiração excessiva, rubor, tensão. 8/10	Todos estão olhando para nós. Pensarão que fiz algo errado. Não consigo lidar com confrontação, sou muito covarde. Minha gerente vai ficar aborrecida comigo. Pensará que não sou bom em lidar com os clientes. 7/10	As pessoas estão vendo-o gritar comigo. Sinto como se não estivesse conseguindo dar conta. Isso não parece bom.	Leitura mental Raciocínio emocional Catastrofização Desqualificação do positivo Leitura mental/ previsão do futuro negativa	Esta é uma situação difícil. A cliente está sendo irracional e a culpa pela situação não é minha. É mais provável que as pessoas que testemunharam isso critiquem a cliente e não a mim. O fato de eu estar lidando com isso e corando não significa que não estou dando conta. Minha gerente entenderá que essas coisas acontecem até com os melhores vendedores. Meu histórico é bom, então, se houver corte de pessoal, há muitas pessoas que têm mais chances de serem demitidas antes de mim. Tudo bem sentir-se ansioso e desconfortável nessas situações difíceis — qualquer um se sentiria assim.

No Apêndice, você encontrará um RDP em branco para usar.

Avaliando a alternativa

Com seu RDP concluído (como o da Tabela 4-2), examine-o, para ver seus processos de pensamentos negativos e os efeitos que têm em seu humor. Dê uma olhada também no processo pelo qual você passou, avaliando as provas e criando PRAs para substituir seus PANs. Ao fazer isso, pergunte a si mesmo:

- Quais foram os efeitos de meus PANs em como eu me sentia e comportava nesta situação?
- Quais teriam sido os efeitos se eu tivesse pensado mais de acordo com o PRA?
- Que maneira de pensar vai ser mais útil para mim no futuro?
- O quanto eu acredito em meu PRA? (Pontue de 1 a 10, com 1 sendo nem um pouco e 10 sendo totalmente.)

Depois de avaliar seus pensamentos dessa forma, pergunte-se: "Quão diferente vou agir, considerando este novo *insight*?"

Se quiser começar a sentir-se melhor, você precisa começar a agir de forma diferente. Como o escritor alemão Goethe colocou: "Saber não é suficiente, é preciso aplicar o que sabemos".

Aprofundando-se para Descobrir as Causas

Nesta seção, você mergulha um pouco mais fundo em sua mente para tentar descobrir por que acabou pensando desta maneira negativa e que o deixou vulnerável a tornar-se deprimido em primeiro lugar. Para fazer isso, você precisa analisar seus valores, crenças e as regras que tenta seguir.

A maioria das pessoas tem apenas uma vaga consciência de suas crenças e pouca compreensão de como elas surgiram. Mas, ao descobrir suas crenças e colocá-las sob análise consciente, você consegue ver como elas afetam seus processos diários de, pensamento e influenciam a maneira como você interpreta suas experiências. Como todo mundo, você vê o mundo de uma forma única, escolhendo perceber alguns aspectos de suas experiências enquanto nem mesmo percebe outros.

Tire um momento e foque sua atenção no que está vivenciando agora. Use cada um de seus sentidos de cada vez. Você pode se surpreender com o quanto vivencia em quaisquer momentos. Mas, ainda mais surpreendente pode ser a quantidade de informações que não percebe. Por exemplo, você estava ciente da pressão de suas nádegas no lugar em que está sentado ou a sensação de seu pé dentro de seu sapato? É provável que você não estivesse ciente. Seu cérebro ignora essas experiências muito familiares na tentativa de liberar espaço para a informação desconhecida, mais significativa.

Da mesma forma, os padrões de pensamento muito familiares frequentemente permanecem fora de sua consciência. Assim, eles podem exercer um forte efeito sobre a forma como você se sente, sem nunca terem sido sujeitos a desafios ou questionamentos. Você apenas supõe que esses padrões familiares são verdadeiros, permitindo-lhes ter uma forte influência sobre a maneira como vê o mundo e interpreta suas experiências. Na verdade, tudo o que você vivencia é filtrado através destas suposições.

Então, de onde essas suposições vêm e como elas se desenvolvem? A resposta curta é que elas vêm de sua experiência. Tudo o que você vivencia enquanto está crescendo lhe passa uma mensagem sobre onde você se encaixa no mundo, como as outras pessoas o veem e em que tipo de mundo você vive. Você pode conhecer o poema clássico de Dorothy Law Nolte, "As crianças aprendem o que vivenciam". Caso não o conheça, procure-o na internet, porque ele resume muito bem a mensagem desta seção.

Dê uma olhada nas duas experiências diferentes de Shane e Barry, ambos com três anos de idade, enquanto eles brincam em um trepa-trepa no parque. As mães de Shane e Barry se comportam de uma forma carinhosa e amorosa em relação a eles, mas as diferenças em seu comportamento são marcantes, bem como os efeitos sobre seus filhos (veja a Tabela 4-4).

Tabela 4-4 Como as Experiências Criam Pensamentos e Crenças

	Reação das Mães	*Suposições Ativadas*
Shane	A mãe de Shane fica embaixo do brinquedo, com os braços estendidos, parecendo ansiosa, e dizendo: "Oh, tome cuidado, segure-se firme, já está alto o bastante, cuidado para não cair!".	Shane aprende a ser cuidadoso: "Não se arrisque. Outras pessoas me veem como incompetente, não muito bom nisso. Não devo confiar em mim mesmo ou vou me magoar. Devo evitar situações arriscadas."
Barry	A mãe de Barry sorri para ele e diz: "Uau, você é muito esperto, o que você consegue ver daí de cima? Você consegue chegar até o próximo nível?".	Barry aprende a aceitar os riscos, arriscar-se, confiar em si mesmo e sentir-se mais confiante: "As outras pessoas me veem como capaz. Eu deveria acreditar em mim mesmo."

Se este tipo de experiência se repete com frequência suficiente, essas mensagens se fixam em seu subconsciente e você acaba aceitando-os como fatos (ou *crenças centrais*). Você não escolhe suas crenças centrais e pode, na verdade, ter apenas uma vaga consciência de quais são suas crenças centrais pessoais. Elas geralmente mantêm-se incontestadas e indiscutidas e, ainda assim, exercem uma influência extremamente poderosa no modo como você pensa.

A TCC sugere que as crenças centrais afetam suas atitudes e interpretações em três áreas:

- Sobre si mesmo
- Sobre outras pessoas
- Sobre o mundo e o futuro

Dê uma olhada na lista a seguir com algumas crenças centrais comuns e veja se você reconhece alguma delas em si mesmo:

- **Sentir-se no direito:** Eu deveria conseguir tudo que quero sem ter que me esforçar para isso. As outras pessoas deveriam ser legais comigo e satisfazer minhas necessidades. O mundo e o futuro são tão injustos.
- **Insignificante:** Eu não sou tão importante quanto as outras pessoas. Todo mundo é mais importante do que eu. O mundo e o futuro são mais importantes que minhas necessidades ou desejos.
- **Não ser bom o suficiente:** Eu não sou bom o suficiente. As outras pessoas vão ver isso e me julgar negativamente se deixá-los ver meu verdadeiro eu. Não me encaixo no mundo e serei rejeitado.
- **Incapaz de ser amado:** Sou incapaz de ser amado. Os outros me rejeitarão a menos que eu faça o que eles querem e seja útil. O mundo e o futuro são desanimadores, vou acabar sozinho.
- **Indigno:** Eu não mereço as coisas boas da vida. As outras pessoas são melhores do que eu. O mundo e o futuro não são seguros e tudo de bom vai ser tirado de mim.
- **Vulnerável:** Sou vulnerável. As outras pessoas vão tirar partido de mim ou me magoar se eu confiar neles. O mundo e o futuro são perigosos e corro risco iminente de me prejudicar.

Estas seis crenças estão entre as mais comuns vistas na depressão, mas numerosas versões e variações mais sutis também existem.

Para descobrir suas próprias crenças centrais, experimente este exercício. Pense em uma situação de seu passado recente, quando você se sentiu deprimido, e depois responda às seguintes perguntas (não se apresse e pense cuidadosamente sobre cada uma delas):

- Que pensamentos negativos estavam passando por sua mente?
- Como você achava que outras pessoas poderiam vê-lo?
- Que ocorrências negativas estava prevendo?
- Que sinais ou indícios percebidos fizeram você temer que isso pudesse acontecer?
- Você ficou esquadrinhando a situação em busca destes "sinais de perigo"?
- Você costuma esquadrinhar em busca de sinais como estes?
- Que suposições ou expectativas estão por trás deste comportamento de esquadrinhamento?
- O que você faz para tentar evitar que as coisas que teme realmente aconteçam?
- O que isso indica ser a sua crença central?

Amy faz este exercício e se surpreende com o fato de que os pensamentos e crenças por trás de seus medos não são totalmente realistas e são um tanto radicais. Essa percepção pode ser um passo importante para começar a desafiar pensamentos e crenças.

A situação de Amy é que ela recebe um convite para o casamento de um colega de trabalho:

- "Meus pensamentos negativos fazem eu sentir que não quero ir. Não vou me encaixar. Os outros vão ver que me sinto desconfortável. Eles não me querem lá; eles estão apenas sendo educados."
- "Os outros me veem como sem graça, chata, desinteressante e insuficientemente boa."
- Eu prevejo que vou me sentir desconfortável e inadequada. As outras pessoas vão perceber isso e quão inadequada eu sou. Posso estragar o casamento para os outros."
- "Os sinais são minhas memórias de ocasiões semelhantes. Já estou me sentindo ansiosa a respeito disso."
- "Vou ficar esquadrinhando em busca de sinais de que os outros estão entediados ou não querem falar comigo."

- "As suposições e expectativas por trás do meu esquadrinhamento são que não sou boa o suficiente, não me encaixo e não consigo lidar com isso."
- "Eu evito situações em que as pessoas possam perceber minhas inadequações — tomo cuidado com tais situações."
- "Identificar as situações que temo permite que eu identifique minha crença central — que não sou boa o suficiente, inadequada, que as outras pessoas perceberão e me rejeitarão. O mundo é perigoso uma vez que isso pode acontecer a qualquer momento."

Depois de fazer este exercício Amy reavaliou suas crenças centrais e percebeu que elas eram exageros prejudiciais a sua saúde, mais do que avaliações reais. Assim, embora tenha se sentido desconfortável, decidiu ir ao casamento. O fato de que os temores de Amy não se concretizaram a ajudou a reafirmar sua percepção de que vinha obedecendo a essas crenças vagamente compreendidas, sem questionar se eram de fato verdadeiras — e isso estava contribuindo para a manter deprimida.

Depois de sua experiência no casamento, Amy tornou-se mais determinada a desafiar essas crenças e não deixá-las interferirem mais em sua vida. Dessa forma, ao longo do tempo, essas crenças centrais passaram a refletir uma avaliação mais realista e equilibrada de si mesma.

Capítulo 5

Enfrentando Seus Sentimentos para Combater a Depressão

Neste Capítulo

- Conhecendo as emoções negativas úteis e inúteis
- Conectando os sentimentos aos pensamentos
- Desenvolvendo responsabilidade e inteligência emocional

Dos três domínios interligados em que a depressão se manifesta — pensamentos, sentimentos e comportamentos, como descrevo no Capítulo 2 — a área dos sentimentos é talvez a mais complicada — provavelmente, porque os sentimentos são muito poderosos.

Este capítulo ajuda você a desenvolver conhecimentos a respeito de suas emoções. Quando compreender suas emoções, estará a meio caminho de lidar adequadamente com elas. A outra metade da viagem é reconhecer a mensagem que determinadas emoções trazem para você e usá-la para melhorar sua vida.

Enfrentar seus sentimentos para combater a depressão envolve a compreensão da conexão pensamento-sentimento (do Capítulo 2). Ao mudar a forma como pensa e reage às suas emoções, você pode ficar confortável para vivenciar qualquer emoção humana e usá-la de uma maneira positiva — talvez para mudança e crescimento pessoais ou para motivá-lo a fazer algo diferente em sua vida.

Apresentando Emoções Negativas

Compreender suas emoções é um trabalho para a vida inteira, mas você pode começar investigando as explicações possíveis para a razão de senti-las.

Você pode pensar, logicamente, que *todas* as emoções negativas são inúteis, mas este não é o caso, porque algumas podem ser realmente úteis. Para ilustrar, apresento emoções negativas úteis e inúteis nesta seção.

Identificando emoções negativas úteis

Emoções negativas úteis são menos problemáticas do que as inúteis e fazem parte da experiência humana. Faz parte da vida sentir-se triste, desapontado, envergonhado, irritado, cheio de remorsos, ciúmes etc. Essas emoções são úteis para ajudá-lo a descobrir como lidar com experiências e como se adaptar às outras pessoas.

Estou 30 minutos atrasado para encontrar meu irmão, e ele está decepcionado. Ele acredita, no entanto, que não me atrasei intencionalmente e é flexível o suficiente para entender que coisas acontecem na vida. O fato de que eu estava atrasado não significa que não me importo com ele, apenas que estava preso no trânsito. Aqui, decepção é uma emoção negativa útil que leva a uma discussão e desenvolve a compreensão, e ajuda as pessoas a confiarem mais umas nas outras. Essa compreensão leva, por sua vez, a sentir-se aceito e apoiado.

Mesmo uma emoção negativa como a raiva também pode ser útil. Para entender isso, você precisa aceitar que pode sentir algo como a raiva justificada, que pode ajudá-lo a reconhecer injustiças, abusos, maus-tratos, entre outros, e motivá-lo a tomar medidas para reduzir ou impedir essas situações. Assim, nessas circunstâncias, a raiva é útil.

Identificando emoções negativas inúteis

Emoções negativas inúteis desempenham um papel importante na depressão. Elas certamente podem parecer sufocantes e são certamente mais problemáticas do que as emoções negativas úteis. Usando a mesma situação da seção anterior, o exemplo a seguir ilustra a emoção inútil de mágoa.

Estou 30 minutos atrasado para encontrar meu irmão, e ele está magoado porque acredita que me atrasei de propósito. Ele atribui esta crença a mágoas passadas e passa a insistir nelas. Essa emoção negativa inútil cresce fora de controle e faz com que ele fique aborrecido — um comportamento autodestrutivo, levando ao isolamento e à retração. Nenhuma discussão acontece a respeito do ocorrido, e o resultado é uma distância preocupante em nosso relacionamento.

Ao observarmos outra emoção usada na seção anterior sob uma luz diferente, a raiva também pode ser uma emoção negativa inútil. A raiva inútil é geralmente injustificada, ocorrendo quando você se encontra sentindo uma raiva que está fora de proporção com as circunstâncias. A raiva inútil é geralmente baseada em sentimentos nocivos fundamentados em experiências anteriores. Por exemplo, se você foi ridicularizado ou assediado na escola, você pode ter desenvolvido uma sensibilidade para este tipo de situação e busca sinais de que as pessoas estão prestes a ridicularizá-lo. Você pode começar a realizar leitura mental ou a interpretar mal brincadeiras inocentes como se fossem assédio, e ficar com raiva inapropriadamente.

Encontrando valor em algumas emoções negativas

Reconhecer que algumas emoções negativas podem ser úteis e contêm benefícios positivos é importante, porque, quando está deprimido, você tende a ver todas as emoções negativas como inúteis. Ao compreender que emoções negativas úteis são normais e naturais, você pode aceitá-las, tolerá-las melhor e usá-las de forma produtiva. Por exemplo, sentir-se culpado pode ser muito útil se você empregar esse sentimento para motivá-lo a responder de modo diferente na próxima vez em que se encontrar em uma situação semelhante.

Vendo as Conexões Pensamento–Sentimento e Sentimento–Comportamento

Você pode não ser capaz de transformar sapos em príncipes ou metais comuns em ouro, mas faz algo igualmente impressionante: transforma meros sentimentos em comportamentos reais num piscar de olhos, geralmente sem mesmo perceber. Pensamentos e sentimentos estão intimamente ligados, e o mesmo se aplica aos sentimentos e comportamentos. Entender essas conexões é de vital importância quando se combate a depressão. Você não tem que ficar à mercê de seus pensamentos, e seguir as sugestões que eu forneço nesta seção (como mudar sua atitude) permite que você encontre uma maneira de sair do que pode parecer (mas certamente não tem de ser) um círculo vicioso.

LEMBRE-SE

Você não sente nada sem pensar algo que o faça se sentir desse jeito (a *conexão pensamento-sentimento*). Esta verdade ajuda a reconhecer e dar nomes a seus sentimentos, muitas vezes em uma única palavra, tais como zangado, feliz, triste etc. As pessoas muitas vezes interpretam mal as emoções negativas e dizem que se sentem irritadas quando realmente estão ansiosas, ou sentem-se zangadas quando na verdade estão magoadas, portanto, dar nomes corretos às suas emoções é um ótimo começo na descoberta de como reagir a elas adequadamente.

Assim que você se tornar ciente de um sentimento negativo, perguntar a si mesmo o que estava acontecendo em sua mente que explique o porquê (em outras palavras, buscando a conexão pensamento-sentimento) pode ajudá-lo a reconhecer o que está realmente pensando.

O significado que você atribui a um acontecimento é o que causa sua resposta emocional a ele:

- Você pode atribuir um significado positivo ao acontecimento, o que leva à felicidade e ao contentamento.
- Você pode atribuir um significado negativo a um acontecimento, o que leva às emoções negativas inúteis e ao comportamento autodestrutivo.

Por sua vez, muitas emoções trazem consigo uma necessidade de reagir, agindo de uma certa maneira (a *conexão sentimento--comportamento*). Por exemplo:

- Você sente medo, então você foge.
- Você sente fome, então você come.
- Você se sente chateado, então você chora.
- Você se sente cansado, então você dorme.

Na depressão, exemplos relevantes podem ser:

- Você se sente sem esperança, então você desiste de tentar.
- Você se sente empacado, então você não faz nada.
- Você se sente cansado, então você fica à toa.
- Você se sente indesejado e/ou desvalorizado, então você se retrai e evita as pessoas.

LEMBRE-SE

Infelizmente, seguir essas necessidades comportamentais quando você está deprimido apenas piora as coisas, porque a conexão sentimento-comportamento torna-se uma armadilha que o mantém deprimido e conserva seus sentimentos negativos.

Mudando sua atitude

A boa notícia é que quando você se torna consciente das conexões pensamento-sentimento e sentimento-comportamento, pode usar esse conhecimento para mudar sua atitude e reação frente às emoções negativas. Desta forma, você começa a combater sua depressão e a levantar seu humor. Essa percepção e habilidade de tomar decisões conscientes a respeito de sua reação às emoções negativas é chamada *inteligência emocional.* Eu descrevo a inteligência emocional com mais detalhes na seção adiante "Controlando Suas Emoções", mas como uma ilustração, veja o seguinte exemplo da viagem de autoconhecimento de Joe desde a raiva inútil, através do aborrecimento útil, em direção a alguma satisfação.

Joe está na fila do caixa eletrônico e alguém fura a fila. Joe acha que o outro homem foi deliberadamente rude e indelicado com ele. Ele acredita que se deixar para lá, será um idiota. Não permitirá que outras pessoas o vejam ser tratado como um idiota, ou então elas pensarão que ele é fraco e inútil. Esses pensamentos fazem com que Joe se sinta zangado e ameaçado (a conexão pensamento-sentimento) e ele sente uma necessidade de reagir. Essa conexão sentimento-comportamento leva a uma necessidade de atacar.

Se Joe agir com base em seus sentimentos, pode envolver-se em uma discussão ou mesmo em uma briga com o homem, trazendo-lhe mais problemas e talvez emoções negativas, como culpa ou arrependimento. Se não agir com base nessas necessidades, entretanto, uma vez que está deprimido, é possível que interprete sua não ação negativamente, sentindo-se um fracassado e dizendo a si mesmo que é um covarde que deixa as pessoas pisarem nele.

Essa situação "se correr o bicho pega, se ficar o bicho come" é chamada de situação *duplo vínculo* e é comum na depressão. Ela pode causar uma sensação de desesperança e pensamentos de "Nada vai dar certo". Mas você não precisa pensar dessa forma e pode encontrar uma fuga desse aparente impasse. Estar consciente do problema dá a você a escolha de mudar sua atitude, como a seguinte situação revista do problema de Joe mostra.

Joe está na fila do caixa eletrônico e, novamente, alguém fura a fila. Joe avisa ao indivíduo que ele furou a fila, esperando que o homem o escute e vá para a posição correta. Mas ele não vai. Joe pensa consigo mesmo, "Ele está errado, mas o fato de que ele escolheu não me dar ouvidos não quer dizer que sou um capacho, e o acontecimento não tem relevância para minha autoestima".

Esta mudança de atitude e o uso de inteligência emocional levam a uma mudança nas emoções e a um impulso comportamental alterado.

Perseverando para melhorar

Um obstáculo específico que você pode encontrar ao combater sua depressão é o atraso que geralmente ocorre entre começar a mudar seus pensamentos e comportamentos e começar a se sentir melhor. Você pode tornar-se muito desanimado ao trabalhar seus pensamentos e comportamentos e perceber que ainda se sente deprimido. Mas não desista, porque com inteligência emocional e um pouco de perseverança você passa a ver que suas emoções depressivas começam a mudar — apenas leva um tempo.

Lembrar a si mesmo que *está* fazendo progresso nos dois domínios de pensamentos e comportamentos — e que é perfeitamente normal que seus sentimentos levem um tempo para mudar — pode ser realmente útil durante esse atraso. Use a tabela de prazer-conquista, no apêndice, como um lugar para acompanhar seu progresso, e certifique-se de não deixar seus sentimentos dominarem seu juízo durante o atraso.

Controlando Suas Emoções

Nesta seção, há algumas maneiras de desenvolver o que chamo de *responsabilidade emocional*: compreender suas emoções, valorizando o que elas podem lhe dizer, e descobrir como usá-las em seu benefício.

Reconhecendo suas suscetibilidades ao descrever emoções

Saber o que fazer com suas emoções, se você não as entende e não está consciente (conhecido como *inteligência emocional*, que eu apresento na seção anterior "Mudando sua atitude") pode ser difícil. Para ajudá-lo a desenvolver inteligência emocional, comece por olhar para algumas palavras comuns associadas a certas emoções.

Para ajudá-lo a reconhecer suas suscetibilidades e com quais emoções você se sente desconfortável, veja a lista de emoções a seguir. Pergunte-se o que vem à sua mente quando você lê estas palavras. Que memórias, imagens ou pensamentos elas provocam, e quais sentimentos elas despertam? Você pode até mesmo reconhecer as questões que levaram às suas suscetibilidades.

- **Raiva**: Incomodado, irritado, mal-humorado, agressivo, rabugento, indignado, furioso, hostil, irritadiço, enfurecido
- **Ansiedade**: Contrariado, preocupado, agitado, apreensivo, impaciente, preocupado, amedrontado, assustado, perturbado, inquieto, nervoso
- **Culpa**: culpado, culpável, pecaminoso, imperdoável, castigável, responsável
- **Mágoa**: desconcertado, ofendido, rejeitado, com o coração partido, lesado, desanimado
- **Inveja**: Olho Gordo, desconfiado, alerta, paranoico, ansioso
- **Prazer**: Eufórico, extático, uau, copo transbordante
- **Vergonha**: Humilhado, mortificado, desonrado, desgraçado

Isso pode realmente ser um bom ponto de partida para desenvolver mecanismos de enfrentamento e respostas mais saudáveis.

Percebendo, descrevendo e tolerando suas próprias emoções

Uma boa maneira de pensar sobre a depressão é como se ela fosse um armazém que contém muitas emoções individuais. Você pode vivenciar uma ou muitas dessas emoções em um único dia e identificar se a emoção específica que está sentindo é essencial. Afinal, você precisa saber com o que está lidando para saber como lidar. Quando você compreende suas emoções, pode responsabilizar-se por elas e realizar mudanças.

A Tabela 5-1 ajuda você a tomar consciência de quais são realmente as emoções individuais e, assim, a identificar quais você está sentindo. A maneira de usar a tabela é esta: consulte a coluna pensamentos/imagens/sensações para encontrar o que você está sentindo e siga até a primeira coluna para ver o nome da emoção. Se ainda assim você tiver dificuldade para identificar a emoção, mas está consciente de uma necessidade de agir, verifique a coluna necessidade/ação/comportamento como um ponto de partida para ajudá-lo a identificar a emoção que está criando sua necessidade.

Se você não tem certeza de qual emoção está sentindo, considere a conexão sentimento-comportamento. Em outras palavras, pergunte-se como se sentir desta forma tende a fazer com que você se comporte? Também pense sobre a conexão pensamento-sentimento: pergunte o que você está pensando que explica por que está se sentindo assim. Fazer estas perguntas ajudará você a localizar a emoção. Se não conseguir localizar na tabela os pensamentos, imagens ou sensações específicos que está vivenciando, procure na lista por algo semelhante. Desta forma, você ainda deve ser capaz de identificar a emoção que está vivenciando.

Quatro passos para lidar com a raiva

A raiva é uma emoção particularmente forte e, se expressada inadequadamente, pode ser altamente prejudicial. Um método que pode ajudar é chamado de *abordagem da raiva em 4 passos*, que parte da ideia de que o discernimento vale ouro, como em "Queria ter agido de uma forma diferente. Por que, então, agi assim?":

1. **Vá embora.** Decida voltar para a situação daqui a uma hora, e depois dê uma desculpa para ir embora, como se precisasse telefonar ou se estivesse atrasado para um compromisso e deve correr.

2. **Acalme-se.** Vá passear ou comece uma atividade que o acalme.

3. **Repense.** Como quer que os outros pensem sobre você? Como você quer pensar sobre si mesmo? Você está promovendo ou fomentando aquela relação desejada entre você e a outra pessoa ou pessoas envolvidas?

4. **Volte com uma resposta.** Esta resposta pode ser para si mesmo ("Estou aborrecido com isso, mas agora está tudo bem e a vida continua") ou uma resposta para a outra pessoa ("Vamos concordar em discordar" ou "Sinto muito").

Estes passos ajudam a criar uma pausa enquanto você reúne seus pensamentos e decide um curso de ação. Ainda que pausar e voltar possam fazer com que você sinta raiva, pausar e avançar ajudam-no a ver as consequências potenciais *antes* que elas ocorram e a salvar a situação antes que ela se torne um problema.

Tabela 5-1 Identificando Emoções Negativas

Emoção	*Crença Útil ou Inútil*	*Contexto no qual a Emoção Ocorre*	*Pensamentos/ Imagens/Sensações*	*Necessidade/ Ação/Comportamento*
Ansiedade	Inútil	Ameaça ou Perigo	Você superestima as características negativas da ameaça Você subestima sua capacidade de lidar com a ameaça Você cria uma ameaça ainda mais negativa em sua mente Você se concentra mais em tarefas da vida diária do que quando está preocupado	Fugir fisicamente da ameaça Fugir mentalmente da ameaça Afastar a ameaça (por exemplo, através de um comportamento supersticioso) Evitar sentimentos Buscar tranquilização
Preocupação	Útil	Ameaça ou Perigo	Você enxerga a ameaça de forma realista Você realisticamente avalia sua capacidade de lidar com a ameaça Você não cria uma ameaça ainda mais negativa em sua mente Você tem mais pensamentos construtivos do que quando está ansioso	Enfrentar a ameaça Lidar com a ameaça de forma construtiva

Continua

Tabela 5-1 *(continuação)*

Emoção	*Crença Útil ou Inútil*	*Contexto no qual a Emoção Ocorre*	*Pensamentos/Imagens/ Sensações*	*Necessidade/Ação/ Comportamento*
Depressão	Inútil	Perda (com implicações no futuro) Fracasso	Você: Enxerga apenas os aspectos negativos da perda ou fracasso Pensa em outras perdas e fracassos que já experimentou Acha que é incapaz de ajudar a si mesmo (impotência) Enxerga apenas dor e escuridão no futuro (desesperança)	Evitar apoio Retrair-se Isolar-se e concentrar-se em seu mau humor sem distrações Tentar acabar com sentimentos de depressão de formas autodestrutivas
Tristeza	Útil	Perda (com implicações no futuro) Fracasso	Você: Consegue ver os aspectos positivos e negativos de sua perda ou fracasso Provavelmente pensa menos em outras perdas e fracassos do que quando está deprimido É capaz de ajudar a si mesmo É capaz de olhar para o futuro com esperança	Expressar sentimentos sobre a perda ou fracasso, e falar sobre esses sentimentos com amigos e familiares Buscar apoio depois de um período de luto

Emoção	*Crença Útil ou Inútil*	*Contexto no qual a Emoção Ocorre*	*Pensamentos/Imagens/ Sensações*	*Necessidade/Ação/ Comportamento*
Raiva Inútil	Inútil	Frustração Você se comporta, ou alguém se comporta, de uma forma com a qual você não concorda Ameaça à autoestima, ou ameaça física	Você: Superestima até que ponto a outra pessoa agiu deliberadamente Vê intenção maliciosa nos motivos da outra pessoa Se vê como definitivamente certo e a outra pessoa como definitivamente errada É incapaz de ver o ponto de vista da outra pessoa Você planeja exigir vingança	Atacar a outra pessoa fisicamente Atacar a outra pessoa verbalmente Atacar a outra pessoa de forma sutil Deslocar o ataque para outra pessoa, animal ou objeto Afastar-se agressivamente Recrutar aliados contra a outra pessoa
Aborrecimento	Útil	Frustração Você faz, ou alguém faz, algo que você acha errado Ameaça à autoestima	Você: Não superestima até que ponto a outra pessoa agiu deliberadamente Não vê intenção maliciosa nos motivos da outra pessoa Não vê a si mesmo como definitivamente certo ou a outra pessoa como definitivamente errada	Afirmar-se ante a outra pessoa Solicitar, mas não exigir, mudança de comportamento da outra pessoa

Continua

Tabela 5-1 *(Continuação)*

Emoção	*Crença Útil ou Inútil*	*Contexto no qual a Emoção Ocorre*	*Pensamentos/Imagens/ Sensações*	*Necessidade/Ação/ Comportamento*
			Você: É capaz de ver o ponto de vista da outra pessoa Não planeja exigir vingança	Afirmar-se ante a outra pessoa Solicitar, mas não exigir, mudança de comportamento da outra pessoa
Culpa	Inútil	Você: Viola seu código moral Deixa de viver de acordo com seu código moral Fere os sentimentos de uma pessoa significativa	Você: Assume que definitivamente cometeu o pecado Assume mais responsabilidades pessoais do que a situação requer Atribui muito menos responsabilidade para outras pessoas do que a situação requer Não pensa em fatores atenuantes Não coloca seu comportamento no contexto geral Espera receber retribuição	Escapar da dor nociva da culpa de maneiras autodestrutivas Implorar o perdão da pessoa injustiçada Prometer irrealisticamente que você não vai "pecar" de novo Punir a si mesmo fisicamente ou por privação (autodestruição) Negar responsabilidade pela má conduta

Emoção	*Crença Útil ou Inútil*	*Contexto no qual a Emoção Ocorre*	*Pensamentos/Imagens/ Sensações*	*Necessidade/Ação/ Comportamento*
Remorso	Útil	Muda para "Você viola...", "Você deixa de..."? Você: Viola seu código moral Deixa de viver de acordo com seu código moral Fere os sentimentos de um amigo ou membro da família	Você: Considera comportamentos dentro de um contexto e com discernimento ao fazer um juízo final sobre se você "pecou" Assume um nível adequado de responsabilidade pessoal Atribui um nível adequado de responsabilidade para outras pessoas Leva em conta fatores atenuantes Coloca o comportamento em seu contexto geral Não espera receber retribuição	Enfrentar a dor saudável que acompanha a percepção de que você pecou Pedir, mas não implorar, por perdão Compreender as razões para o erro e agir sobre esta compreensão Expiar o pecado aceitando uma punição Compensar de formas apropriadas Não mostrar nenhuma tendência a se desculpar pelo seu comportamento ou desempenhar um comportamento defensivo
Vergonha	Inútil	Algo vergonhoso a seu respeito (ou de um grupo com o qual você se identifica) foi revelado por	Você: Superestima a "vergonha" das informações reveladas Superestima a probabilidade de o grupo julgador notar ou se interessar	Afastar-se do "olhar" dos outros Isolar-se dos outros Salvar as aparências atacando o(s) outro(s) que o envergonhou(aram)

Continua

Tabela 5-1 *(Continuação)*

Emoção	*Crença Útil ou Inútil*	*Contexto no qual a Emoção Ocorre*	*Pensamentos/Imagens/ Sensações*	*Necessidade/Ação/ Comportamento*
		você ou por outros Outras pessoas o menosprezam ou o evitam (ou o grupo, com o qual você se identifica)	pela informação Você: Superestima o grau de reprovação (do grupo de referência) que receberá Superestima o tempo pelo qual qualquer reprovação subsistirá	Afastar-se do "olhar" dos outros Isolar-se dos outros Salvar as aparências atacando o(s) outro(s) que o envergonhou(aram) Defender de maneiras autodestrutivas sua autoestima ameaçada Ignorar as tentativas de outras pessoas para restaurar o equilíbrio social
Decepção	Útil	Algo vergonhoso a seu respeito (ou de um grupo com o qual você se identifica) foi revelado por você ou por outros Outras pessoas o menosprezam	Você: Enxerga a informação revelada em um contexto compassivo e de autoaceitação É realista sobre a probabilidade de o grupo julgador notar ou se interessar pela informação É realista sobre o grau de reprovação (do grupo de referência) que receberá	Continuar a participar ativamente na interação social Responder a tentativas de outras pessoas para restaurar a estabilidade social

Emoção	*Crença Útil ou Inútil*	*Contexto no qual a Emoção Ocorre*	*Pensamentos/Imagens/ Sensações*	*Necessidade/Ação/ Comportamento*
		ou o evitam (ou o grupo, com o qual você se identifica)	Você: É realista sobre o, tempo pelo qual qualquer reprovação subsistirá	
Mágoa	Inútil	Alguém o trata de uma forma que você acha que não merece; a pessoa o decepciona	Superestima a injustiça do comportamento da outra pessoa Enxerga a outra pessoa como negligente ou indiferente Se vê sozinho, desamparado ou incompreendido Tende a pensar em "mágoas" passadas Acha que a outra pessoa deve primeiramente consertar as coisas, sem ser solicitada a fazê-lo	Cortar os canais de comunicação com a outra pessoa Criticar a outra pessoa sem revelar a razão porque se sente magoado
Pesar	Útil	Alguém trata você de uma forma que o deixa triste	É realista a respeito do grau de injustiça no comportamento da outra pessoa Percebe a outra pessoa como tendo se portado mal em vez	Comunicar seus sentimentos à outra pessoa diretamente Influenciar a outra pessoa para que ela aja de maneira mais justa

continua

Tabela 5-1 *(Continuação)*

Emoção	*Crença Útil ou Inútil*	*Contexto no qual a Emoção Ocorre*	*Pensamentos/Imagens/ Sensações*	*Necessidade/Ação/ Comportamento*
			de ser negligente ou indiferente Não se vê sozinho, desamparado ou incompreendido Tende a pensar menos em "mágoas" passadas do que quando está magoado Não acha que a outra pessoa deve tomar a iniciativa	
Ciúmes Inúteis	Inútil	Ameaça a seu relacionamento vinda de outra pessoa	Tende a ver ameaças a seu relacionamento onde elas não existem Acha que a perda de seu relacionamento é iminente Interpreta erroneamente as conversas comuns de seu parceiro com outras pessoas como tendo conotações sexuais ou românticas	Buscar constante reforço de que você é amado Monitorar as ações e sentimentos de seu parceiro Buscar provas de que seu parceiro está envolvido com outra pessoa Tentar restringir os movimentos e atividades de seu parceiro

Emoção	*Crença Útil ou Inútil*	*Contexto no qual a Emoção Ocorre*	*Pensamentos/Imagens/ Sensações*	*Necessidade/Ação/ Comportamento*
			Você: Constrói imagens visuais da infidelidade de seu parceiro	Realizar testes pelos quais seu parceiro deve passar
			Se seu parceiro admite achar outra pessoa atraente, você acredita que seu parceiro vê a outra pessoa como mais atraente do que você e que seu parceiro o deixará por esta outra pessoa	Retaliar a suposta infidelidade de seu parceiro Ficar de mau humor
Ciúmes Úteis	Útil	Ameaça a seu relacionamento vinda de outra pessoa	Não tende a ver ameaças a seu relacionamento onde elas não existem	Permitir que seu parceiro expresse seu amor, mas sem buscar reforço
			Não interpreta erroneamente as conversas comuns de seu parceiro com outras pessoas como tendo conotações sexuais ou românticas	Permitir a liberdade de seu parceiro sem monitorar suas ações, sentimentos e paradeiros Permitir que seu parceiro mostre um interesse natural por membros do sexo oposto sem realizar testes
			Não constrói imagens visuais da infidelidade de seu parceiro	
			Aceita que seu parceiro ache outras pessoas atraentes, mas não vê isso como uma ameaça	

continua

Tabela 5-1 *(Continuação)*

Emoção	*Crença Útil ou Inútil*	*Contexto no qual a Emoção Ocorre*	*Pensamentos/Imagens/ Sensações*	*Necessidade/Ação/ Comportamento*
Inveja inútil	Inútil	Alguém possui e desfruta de algo desejável que você não possui	Você: Tende a denegrir o valor do bem desejado e/ou da pessoa que o possui Tenta se convencer de que está feliz com suas próprias posses (apesar de não estar) Pensa sobre como adquirir o bem desejado, independente de sua utilidade Pensa sobre como privar a outra pessoa do bem que você deseja	Menosprezar a pessoa que possui o bem que você deseja Desvalorizar o bem que você deseja Privar a outra pessoa do bem que você deseja (quer você fique com ele ou impeça que a outra pessoa o tenha) Danificar ou destruir o bem a fim de que a outra pessoa não o tenha
Inveja útil	Útil	Alguém possui e desfruta de algo desejável que você não possui	Honestamente, admite para si mesmo que deseja o bem Não tenta se convencer de que está feliz com suas próprias posses quando não está Pensa sobre como adquirir o bem desejado, porque você o deseja por razões saudáveis Consegue permitir que a outra pessoa tenha e desfrute o bem sem denegrir a pessoa ou o bem	Esforçar-se para obter o bem desejado se isto é o que você verdadeiramente quer

Quando você identificar a emoção com a qual está lidando, estará a meio caminho de sua recuperação. A outra metade do caminho vem da prática dos conselhos que você aprendeu ao longo do trajeto para superar sentimentos como ansiedade, culpa, raiva e outras emoções associadas à sua depressão.

Desenvolvendo responsabilidade emocional

Quando você consegue perceber, descrever e tolerar suas emoções, está numa posição melhor para fazer algo a respeito delas e seguir em frente. Uma abordagem envolve *pensar* uma forma de se sentir melhor focando no sentimento desejado e imaginando como você quer se comportar de acordo com ele.

DICA

Quando você imaginar seu sentimento desejado, visualize pensamentos que possam levá-lo a sentir-se desse jeito e então aja de acordo com esses novos pensamentos. Psicólogos chamam isso de *ativação comportamental*, a qual descreve o processo de ativação de um novo comportamento apesar de não existir a motivação para fazê-lo. De outra forma, esperar pela chegada da motivação pode envolver uma longa demora. Eu uso a analogia da bagagem perdida no aeroporto. As bagagens às vezes se perdem e não o acompanham na viagem, mas com um pequeno empurrão (digamos, através de um telefonema para a companhia aérea) você acaba recebendo-as.

A mensagem principal aqui é de que seus pensamentos e comportamentos devem mudar primeiro. Depois, após um tempo, suas emoções mudam de acordo com esses novos pensamentos e comportamentos. Portanto, aja de acordo com os novos pensamentos, reconheça que você não quer ativar o novo comportamento, e então simplesmente o faça! Classifique seu humor antes e depois da atividade e veja como ele melhora passo a passo (no Capítulo 6 há mais detalhes sobre mudança de comportamento).

LEMBRE-SE

Você não pode vivenciar os benefícios da mudança emocional sem mudar seu comportamento (veja a Figura 5-1).

Mudando sua relação com as emoções e os pensamentos intrusivos

Aqui está um exercício útil de percepção e descrição, que dura cinco minutos, para ajudá-lo a mudar sua relação com as emoções e os pensamentos intrusivos:

1. **Feche seus olhos e se concentre em sua respiração.** Descreva o que você nota, o que pode ser seu peito subindo e descendo a cada inspiração.
2. **Concentre-se em como você está sentado e na marca de seu corpo na cadeira.** A chave aqui é perceber e descrever sem fazer julgamentos, como em "Percebo que minhas mãos estão descansando em meu colo e minhas pernas estão repousando juntas com ambos os pés no chão".
3. **Desvie sua atenção para sons dentro da sala.** Novamente, descreva o que você percebe.
4. **Repita esse processo para seus pensamentos e sentimentos.** Lembre-se que apenas porque você pensa ou sente algo, não significa que você deve agir desta forma; você pode simplesmente ficar sentado na cadeira observando seus pensamentos e emoções.

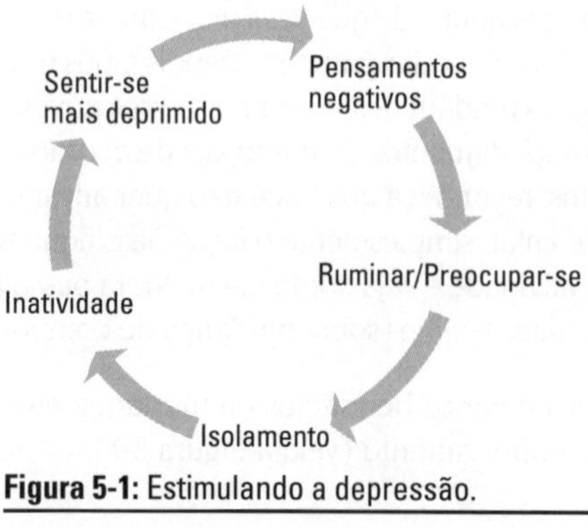

Figura 5-1: Estimulando a depressão.

Combatendo a ruminação e a preocupação

Uma de suas metas na superação da depressão é reduzir a quantidade de tempo em que você rumina e se preocupa a respeito de acontecimentos, emoções e comportamentos negativos.

- **Ruminação:** Pensar sobre o passado; muitas vezes envolve pensamentos de poderia-teria-deveria.
- **Preocupação:** Pensar sobre o futuro; muitas vezes envolve ciclos de pensamentos de "e se..." e exame de detalhes minúsculos e seu impacto no curso das ações possíveis.

Trate esses dois sentimentos com ceticismo e estimule seu comportamento desejado. Vamos, faça uma tentativa!

Some sua quantidade diária de ruminação e preocupação, de uma até oito horas. Este exercício pode ser uma forma simples de monitorar sua jornada diária enquanto começa a superar a depressão. Sua meta é ruminação e preocupação zero.

Reconhecendo a criança interior: estados de ego

Uma maneira útil de examinar suas emoções é através daquilo que alguns psicólogos chamam *estados de ego*. Os humanos podem estar em um de três estados de ego em qualquer momento:

- **Ego infantil:** Quando nasce, você está em contato intenso com seus sentimentos. Um bebê apenas sente algo e reage honestamente e de forma desinibida.

  Um bebê não sente culpa a respeito de acordar seus pais à noite ou se preocupa em agradar outras pessoas ou manipulá-las. Ele apenas sente e reage.
- **Ego paterno:** Quando o bebê se torna uma criança, é influenciado por outras pessoas e fica ciente de agradá-las ou desagradá-las. Passa a ter consciência de regras, moralidade, deveres e obrigações.

- **Estado de ego adulto:** Mais tarde, a criança aprende que tem uma escolha, pode tomar decisões e, às vezes, tem de escolher entre as conflitantes demandas do ego infantil e do ego paterno.

Estar ciente desses estados de ego é muito útil ao combater sua depressão.

A tentação é pensar que você quer estar no estado adulto o tempo todo, mas, na verdade, você precisa de um equilíbrio saudável entre os egos infantil, paterno e adulto, e estar no estado apropriado de ego para sua situação.

Sem um estado criança saudável, é difícil divertir-se: interação social e, particularmente, festas tornam-se muito difíceis. Além disso, você não pode ser saudavelmente desinibido durante várias atividades, tais como o sexo ou falar em público. Se seu ego paterno for dominante, você se sente culpado, errado e sob pressão o tempo todo. Mas se for muito fraco, você fica fora de controle, perde a paciência, torna-se egoísta, ou não se importa com as outras pessoas. E sem um estado de adulto saudável, você salta entre um e outro com sentimentos e demandas conflitantes, nunca sentindo que está no controle ou é livre para escolher como viver sua vida.

Buscando por auto-resiliência e autoconsolo

Para ajudar a lidar com suas emoções negativas ao sentir-se deprimido, imagine cada estado de ego (da seção anterior) como um estado separado dentro de você.

Escutando o que o ego infantil está dizendo ou sentindo

Este estado é onde estão todas as suas emoções, tanto as boas quanto as más, úteis e inúteis. Portanto, não descarte a criança dentro de você, sob pena de descartar tanto os sentimentos positivos quanto os negativos. Escute sua criança interior e tente responder como você faria ao falar com uma criança de verdade.

Escutando seu ego paterno

Fique ciente da origem dessas demandas, inibições e desses pensamentos restritivos, e tente lembrar a si mesmo que você não pode agradar todas as pessoas o tempo todo. Você tem o direito de escolher quais regras e valores seguir e satisfazer suas próprias necessidades.

Entrando no estado de ego adulto

Assuma o controle e faça uma escolha confiante e consciente sobre como você irá se comportar.

Esteja preparado para manter seu ego infantil e paterno sob controle e não deixe nenhum deles dominar a situação. Mantenha-se lógico, reconhecendo os sentimentos e demandas de seus estados criança e paterno, mas dando a si mesmo permissão para escolher e ser feliz com sua escolha. Aceite que uma escolha perfeita raramente existe; apenas fique satisfeito de que está fazendo a melhor escolha disponível nas circunstâncias.

Ter essas conversas em sua mente pode parecer difícil a princípio. Mas se você pensar a respeito, todo mundo mantém um diálogo interno. Reconheça o que sua criança interior tem dito e como você responde. Fique ciente das críticas e demandas de seu ego paterno e de como sua criança interior se sente a respeito dessas críticas e demandas. Pratique usando seu adulto interior para assumir o controle de seus pensamentos.

Sua parte adulta é lógica, confiante e capaz de tomar decisões sensatas e equilibradas, que reconheçam as demandas e os sentimentos tanto do ego infantil como paterno.

Capítulo 6

Mudando Suas Atitudes Para Combater a Depressão

Neste Capítulo

- Reequilibrando sua vida de modo mais saudável
- Desenvolvendo atitudes e pensamentos positivos
- Rejeitando atitudes negativas

A depressão não ocorre apenas quando coisas desagradáveis, difíceis ou tristes acontecem em sua vida. Muitas pessoas sofrem de depressão grave quando nada significativo parece acontecer com elas e, ao observar, você pode pensar: "O que elas têm para estarem deprimidas?". Por outro lado, talvez você conheça alguém que supere uma tragédia após a outra e permanece positivo.

Então, você pode perguntar: "O que está acontecendo e como elas conseguem isso?".

A resposta é o que os cientistas chamam de *efeito atitude*; em outras palavras, as pessoas deprimidas tendem a sofrer de atitudes depressivas. Quando algo de bom está acontecendo em suas vidas, as atitudes delas podem ser: "Isso não vai durar" ou "Por que não consigo aproveitar isso?". Igualmente, quando algo negativo ocorre, elas dão muita atenção ao evento e veem-no como prova de que a vida é infeliz.

Neste capítulo, forneço sugestões para melhorar suas habilidades para a vida, de forma que você consiga melhorar suas atitudes. Ajudo você a reconhecer onde suas atitudes podem estar detendo-o e levo você a incentivar uma perspectiva positiva e a combater a negatividade. Desenvolver essas habilidades é o início do retorno ao caminho certo para uma vida feliz e gratificante.

Fazendo e Mantendo Mudanças Positivas

A verdade é que se você quer que sua vida seja diferente, tem de mudar. Para superar sua depressão e colocar sua vida de volta nos trilhos, você precisa assumir o controle e começar a mudar as coisas, uma de cada vez. Você quer enfrentar novos desafios, e planejar como vai superar as dificuldades ajuda-o a evitar esse sentimento de impotência e desesperança.

Muitas vezes, quando você está deprimido, certos aspectos de sua vida estão fora de equilíbrio. Nesta seção, você aprenderá reequilibrar sua vida de forma mais positiva. E, como você também precisa de incentivo para fazer mudanças e mantê-las, eu detalho as vantagens de registrar seu progresso, para reforçar a necessidade de implementar mudanças positivas em sua vida.

Se você está tendo dificuldade para pensar a melhor forma de reagir a uma situação em particular, pergunte a si mesmo como uma pessoa feliz e confiante reagiria nesta situação. Em seguida, tente tomar essa atitude.

Equilibrando sua vida

Um dos antidepressivos mais eficazes que você pode experimentar não vem em um comprimido, e você não precisa de um médico para receitá-lo. Pesquisas mostram que reequilibrar sua vida com atividades saudáveis é a maneira mais eficaz de combater a depressão.

Uma vida saudável e equilibrada é composta de vários aspectos:

- **Alimentação:** Certifique-se que está ingerindo uma boa quantidade de alimentos saudáveis de forma equilibrada. Varie sua dieta, em vez de comer apenas a mesma comida todos os dias. E evite usar comida como consolo — isso não funciona de jeito nenhum!

  As diretrizes atuais para valores diários (segundo a Anvisa), são de 2.000 calorias para mulheres, 2.500 calorias para homens e 1.800 calorias para crianças de 5 a 10 anos.

- **Estimulação mental:** Qualquer coisa que requeira concentração mental pode ajudar: experimente palavras-cruzadas ou qualquer enigma, ou desafie a si mesmo a memorizar todos os planetas do sistema solar ou qualquer outra coisa que lhe interesse. Comece aos poucos: digamos, dez minutos de concentração, e depois aumente, até que você consiga administrar uma hora de atividade mental a cada dia.

- **Exercício físico:** Este exercício não precisa ser em uma academia, nem exige equipamentos sofisticados, mas deve durar pelo menos uma hora por dia. A atividade física pode ser uma caminhada, jardinagem, trabalho doméstico, ou qualquer coisa que acelere sua pulsação em pelo menos 30 batimentos por minuto.

- **Sono:** Sono em excesso pode deixá-lo deprimido. Então, busque dormir oito horas por noite. Se a depressão em si está deixando-o cansado, reconheça esse fato como um sinal de que você não tem atividade suficiente em sua vida e, como resultado disso, a qualidade de seu sono é ruim.

  DICA

  Um bom lema é: "Quando você acordar, levante-se, e quando se levantar, acorde". Se seguir este conselho simples, seu sono vai melhorar e você acabará por restaurar o equilíbrio vigília-sono.

- **Atividade social:** Todos precisam sentir que pertencem a algum lugar; os seres humanos são animais sociais; sem companhia e alguém com quem conversar, não conseguem ser totalmente felizes. Se você acha que as pessoas que conhece não têm tempo para você, participe de alguma atividade social e aproveite a oportunidade para fazer novos amigos (falarei mais sobre este aspecto na seção "Tornando-se mais amigável").

- **Equilíbrio entre vida profissional e pessoal:** O velho ditado "Trabalho sem diversão faz de Jack um bobalhão" é um bom conselho. Certifique-se de que você obtenha um bom equilíbrio de atividades em sua vida. Descanso e inatividade em excesso são ainda pior do que trabalho em excesso. Então, comece a agir hoje. Depois que você fizer por merecer, desfrute um tranquilo relaxamento (como descreverei na seção "Relaxando quando você merece").

Mantenha um diário de coisas agradáveis que você vivencia todos os dias: procure, escreva e lembre-se dos pequenos prazeres da vida. Não caia na armadilha do pensamento tudo-ou-nada; em vez disso, esforce-se para manter uma visão equilibrada de seus eventos e experiências.

Monitorando as evidências

As pessoas deprimidas muitas vezes acham que desqualificar o positivo é muito fácil. Na verdade, quando você está deprimido, pode não conseguir ver qualquer evidência de que está melhorando ou fazendo progresso. Em vez disso, você tende a concentrar-se nos sentimentos negativos que ainda está vivenciando, enquanto ignora ou não reconhece os momentos em que se sente melhor.

Para combater o efeito dessa memória seletiva, você precisa monitorar seu progresso várias vezes ao dia. Use o registro diário de pensamentos, no Apêndice, para monitorar seus sentimentos ao longo do dia:

- **Classifique seu humor em uma escala de 1-10 e consulte esta classificação toda noite, para avaliar seu progresso.**
- **Evite cair na armadilha de pensar em termos preto e branco e, por exemplo, pensar: "Ainda estou deprimido".** Em vez disso, reconheça que uma melhora de 4-6 em sua classificação é um progresso e um sinal de que seus esforços estão valendo a pena.

- **Peça a amigos ou parentes para lhe informarem se percebem qualquer melhora em você.** Acredite se quiser, eles muitas vezes detectam o progresso antes de você. Não desqualifique suas opiniões dizendo: "Eles não entendem o que eu sinto" nem pense que eles estão apenas sendo enganados porque você está mais ativo. Confie em seus amigos e familiares para ajudá-lo.

LEMBRE-SE

Qualquer progresso na maneira como você está se comportando leva a uma melhora em seu humor. Apenas dê um tempo para que aconteça.

Acentuando o Positivo: Habilidades para Combater a Depressão

Quando deprimido, você pode querer enterrar a cabeça na areia e ignorar suas dificuldades na esperança de que elas vão desaparecer — mas não faça isso. Esta tentativa de evitar o problema nunca funciona e, na verdade, priva-o de uma valiosa experiência e da confiança e do autorrespeito que vêm com essa experiência.

Para ser feliz, você precisa vivenciar a gama completa de oportunidades que a vida tem para oferecer. Sentimentos de sucesso, fracasso, felicidade e tristeza contribuem para suas habilidades para a vida e fazem de você uma pessoa melhor e mais sábia. Superar contratempos aumenta sua confiança e sua capacidade de pensar positivamente — contanto que esteja disposto a experimentar o que se apresenta.

Muitas de suas habilidades para a vida e atitudes se deterioram com a depressão, de modo que não permitir que esta tendência o afete é importante, bem como trabalhar na reconstrução das partes de sua vida que foram afetadas. Pratique as habilidades positivas que descrevo nesta seção e comece a trabalhar no combate à sua depressão.

A atividade em si não é o que importa, mas sim sua atitude ao fazê-lo. Certifique-se de adotar uma atitude positiva quando praticar cada habilidade.

Reconhecendo oportunidades

Se você está deprimido, é provável que acredite que a vida é horrível e que olhe com inveja para aqueles que parecem ter uma vida plena e feliz. Em casos assim, lembre-se que você vive no mesmo mundo que eles. A vida oferece oportunidades às pessoas, e a cada dia você tem centenas de experiências entre as quais escolher.

O que faz a diferença em sua vida é reconhecer e reagir positivamente às oportunidades que surgem em seu caminho.

As pessoas deprimidas dizem a si mesmas coisas como: "Não adianta" ou "De qualquer forma, eu não vou aproveitar" — elas perdem tempo imaginando quão desconfortáveis se sentirão ou o quanto vão ter a certeza de se arrepender quando fracassarem. Talvez você ache que ninguém quer sua companhia ou que não gostam de estar com você, mas essa mentalidade é como as pessoas deprimidas se convencem a não aproveitarem as oportunidades oferecidas. Depois de um tempo, elas não conseguem nem mesmo perceber as oportunidades.

O passo inicial para transformar as coisas é decidir que você vai parar de ouvir seu discurso depressivo. Dê uma chance à vida e torne-se determinado a aceitar as oportunidades que surgem em seu caminho.

Se alguma coisa está atrapalhando, tal como sua timidez ou uma deficiência, faça da superação desta questão, seu primeiro desafio. Procure ajuda, frequente um curso ou talvez apenas fale com alguém com um problema semelhante e que tenha descoberto como lidar com isso.

Você pode encontrar oportunidades ao seu redor. Para ajudá-lo a reconhecê-las, aqui vão apenas algumas ideias:

- **Compre um jornal local e descubra o que está acontecendo em sua área — e então se envolva.** Participe de um clube ou grupo de interesse, faça campanha para algo em que acredita, ou visite serviços locais e converse com as pessoas que os administram.
- **Matricule-se em uma aula noturna: aprenda uma língua, uma nova habilidade, uma arte ou ofício.** Entre na internet e descubra o que está disponível nas universidades locais — talvez você ache interessante algo que está disponível.
- **Ofereça-se como voluntário para alguma coisa.** Centenas de pessoas e organizações dariam valor ao seu tempo e à sua ajuda, e envolver-se muitas vezes leva a novas oportunidades.
- **Converse com pessoas com quem você encontra — vizinhos, colegas de trabalho e pessoas no ponto de ônibus.** Seja amigável, faça contato visual, diga "oi" ou tire um momento para falar com elas. Algumas pessoas são realmente boas nisso; parece algo que vem naturalmente e sem esforço. Quando você vir alguém assim, preste atenção e descubra como eles fazem isso.
- **Faça uma atividade física.** Dança, esporte, jardinagem e coisas do gênero podem proporcionar oportunidades de interagir com outras pessoas que compartilham seu interesse. Uma atividade significativa, especialmente se envolver atividade física ou trabalho duro, é excelente no combate à depressão e lhe dá a sensação de satisfação proveniente de um dia produtivo. Volte à seção "Equilibrando sua vida" para obter mais informações sobre o papel da atividade física como parte de um estilo de vida equilibrado.

DICA

Ao decidir se vai fazer uma atividade, pergunte-se o que vai fazer se você *não* realizar a atividade que está cogitando. Se você não tiver algo melhor para fazer, adote o novo passatempo. Nunca se sabe — isso pode levar a algo sensacional!

Interessando-se pela vida

Uma reação comum à depressão é perder o interesse pelas coisas. Mas com um pouco de esforço você pode ver seu interesse voltando quando quebrar o círculo negativo e começar a tomar conhecimento do que está acontecendo ao seu redor.

Ignore sua reação inicial de "Eu não posso me incomodar", vá em frente e demonstre interesse. Mesmo que precise fingir no início, você logo percebe que seu interesse volta quando se esforça para descobrir as coisas.

Seguem algumas dicas para desenvolver seus interesses:

- **Tente aprender uma coisa nova a cada dia: uma palavra nova, um fato novo ou algo que você não sabia sobre um amigo ou colega.** Estabeleça para si mesmo o desafio para descobrir algo novo, pois expandir seu conhecimento pode dar-lhe uma razão para se sentir bem consigo mesmo e para ajudar a aumentar sua autoestima. É bem capaz de você se surpreender com a satisfação que obtém ao aprender coisas novas.
- **Investigue novos gostos.** Experimente uma comida nova, um tipo diferente de livro ou um tipo de música que você normalmente não ouviria.

  Os psicólogos dizem que você precisa repetir a experiência de um novo "gosto" cinco vezes antes que comece a gostar dele. Por isso, não desista logo! Persevere e verá que pode desenvolver um gosto por coisas que o surpreendem.
- **Adquira um novo hobby ou passatempo.** Quando você encontrar um de que gosta, procure na internet por um grupo de discussão sobre esse passatempo e participe.

Vivendo o hoje

Muitas pessoas com depressão gastam metade de seu tempo lamentando o passado e a outra metade preocupando-se com o futuro. Uma abordagem muito mais saudável é viver o momento.

Concentre-se no hoje, ou, melhor ainda, neste exato minuto, e faça um esforço para realmente ver o mundo ao seu redor.

Tente adotar algumas dessas ideias para ajudá-lo a viver o hoje:

- **Pergunte a si mesmo o que você pode fazer na próxima hora para realizar algo.** Comece por orgulhar-se de sua aparência e, em seguida, orgulhe-se de sua casa, de seu jardim e assim por diante.
- **Compartilhe seu tempo com alguém.** Se você se afastou dos amigos, entre em contato novamente. A pessoa pode ficar muito feliz de ter notícias suas e passar um tempo com um velho amigo ou conhecido ajuda a lembrar dos bons momentos que vocês compartilharam no passado e a reproduzir algumas dessas atividades compartilhadas no presente.
- **Mantenha um diário de quaisquer experiências que você goste ou ache interessante, por mais breve que pareçam.** Isso pode lhe fornecer um recurso inestimável ao qual recorrer quando você estiver tendo dificuldade para lembrar do que você gosta na vida. Inclua até mesmo coisas pequenas, como uma música, um sorriso ou uma cena bonita. A simples menção de quanto prazer você obtém de algo tão simples como saborear uma xícara de café pode fazer uma grande diferença. Todas essas coisas trazem alegria à sua vida se você reconhecê-las como tal, então, quando você se sentir entediado ou desmotivado, escolha uma experiência de seu diário e faça-a de novo.

Viver o momento é difícil em primeiro lugar. Comece tentando reconhecer os prazeres simples da vida, como o sabor do café ou o cheiro de pão fresco. Se procurar bem, você realmente consegue encontrar o prazer nas coisas cotidianas.

Tornando-se mais amigável

Uma pessoa sábia disse: "Para ter um amigo, você deve primeiro ser um amigo". Quando está deprimido há um tempo, você pode perder esta importante habilidade sem ter tido a intenção. Talvez comece a evitar as pessoas porque não quer que elas o vejam deprimido e, antes que você perceba, já não sabe o que dizer para as pessoas ou como iniciar uma conversa. Depois de um tempo, você começa a sentir-se desconfortável perto das pessoas e se afasta, o que é um fator importante, o qual o mantém deprimido.

Para ajudá-lo a reencontrar o seu eu amigável, siga estas dicas:

- **Quando você encontrar pessoas que conhece, não as evite. Faça contato visual, sorria e diga olá.** Mostre interesse pelas pessoas e pergunte como elas têm passado. Antes que perceba, você, está tendo uma conversa.
- **Desenvolva a sua empatia com outras pessoas.** Escolha alguém e tente imaginar como essa pessoa está se sentindo e por quê. Realmente, tente ver as coisas do ponto de vista dela. Lembre-se: procure o bem e você vai encontrá-lo.
- **Saia para uma caminhada e procure oportunidades para ser amigável.** Por exemplo, você pode se oferecer para ajudar seus vizinhos idosos com o jardim, auxiliar uma jovem mãe a subir com um carrinho pelas escadas ou oferecer-se como voluntário para ajudar no centro comunitário local. Se você se tornar útil, começará a sentir-se útil.

A sabedoria de Sócrates

Sócrates, o maior filósofo da Grécia Antiga, estava andando pelo mercado um dia, quando um estranho se aproximou dele e pediu conselhos. O homem disse que era um ferreiro de uma aldeia vizinha e estava cogitando mudar-se para Atenas. Ele perguntou a Sócrates se ele achava que a mudança seria uma boa ideia.

Sócrates perguntou ao homem como era a aldeia em que ele vivia atualmente. O homem respondeu que tinha sido muito feliz em sua aldeia, que todos eram amigáveis e cuidavam uns dos outros, e que se ajudavam quando necessário.

Sócrates então, com confiança, informou ao homem que ele encontraria pessoas exatamente iguais em Atenas e que ele seria feliz lá.

Alguns dias depois, outro homem se aproximou de Sócrates enquanto ele andava no mercado. Este homem lhe fez a mesma pergunta, contando a Sócrates que era um padeiro de uma aldeia vizinha e que estava pensando em mudar-se para Atenas.

Novamente Sócrates perguntou como era na aldeia do homem. Este respondeu que odiava a aldeia, que todos metiam o nariz na vida de todo mundo, em busca de coisas para criticar ou sobre as quais lamentar.

Sócrates, com confiança, informou ao homem que ele encontraria pessoas exatamente iguais em Atenas e que não haveria muita razão em mudar-se.

Sócrates foi sábio o bastante para perceber que, em um sentido bem real, nós vemos o mundo que esperamos ver.

Aproveitando as coisas boas da vida

Quando está deprimido, você geralmente tem uma visão negativa do mundo. Se você acredita que o mundo é um lugar cruel, decepcionante, cheio de pessoas egoístas pisando umas nas outras para chegar ao topo, você pode encontrar muitas provas para apoiar este ponto de vista.

Se, entretanto, acredita que o mundo é um lugar maravilhoso, cheio de pessoas interessantes e oportunidades emocionantes, você pode igualmente encontrar muitas provas para apoiar este ponto de vista também!

O fato é que esses dois pontos de vista são verdadeiros. Embora possa parecer estranho, o mundo em que você vive é o mundo em que imagina que vive.

Liberando endorfinas

Quando você faz uma longa corrida, dá uma boa gargalhada ou é sortudo o bastante para fazer amor apaixonadamente, você se sente muito bem. Esse "fator bem-estar" deve-se à liberação de substâncias químicas do cérebro chamadas *endorfinas*. Você também pode liberar pequenas quantidades ao comer pimenta ou mesmo só de pensar positivamente!

Quando estas substâncias químicas são liberadas em seu cérebro, elas têm um efeito que pode durar até 12 horas, fazendo com que você se sinta confiante, exultante ou até mesmo eufórico. Cientistas descobriram que essas substâncias têm um efeito muito similar ao de drogas como cocaína ou morfina — mas sem os devastadores efeitos.

As endorfinas realmente são as substâncias de "bem-estar" da natureza.

Para ajudá-lo a viver em um mundo feliz, confira essas dicas:

- **Colecione boas notícias.** Procure em jornais, revistas e na internet para encontrar exemplos de eventos e histórias alegres e inspiradoras. Mantenha um álbum com eles e quando você se sentir para baixo, leia-o para lembrar-se de todas as coisas boas do mundo.
- **Escolha ser feliz.** Saia e encontre todas as razões para se sentir feliz. Você só tem uma vida, e ninguém mais pode fazê-lo feliz. Encontre coisas que o deixem feliz: pesquise boas notícias nos jornais e converse com amigos e familiares e observe as boas notícias deles. Treine sua mente para perceber as coisas boas da vida.
- **Lembre-se que a felicidade não depende apenas de coisas boas acontecerem com você ou de você ter tudo o que quiser.** Algumas das pessoas mais felizes que conheci tiveram sua cota de tragédia em suas vidas. Elas apenas descobriram como superar os problemas e buscar

a alegria na vida. Essas pessoas são hábeis em encontrar coisas boas no meio de seus problemas, e assim darem a si mesmos uma visão mais equilibrada da vida.

Relaxando quando você merece

Quando deprimido, você muitas vezes se sente cansado, aborrecido e desmotivado, o que pode levar à autocrítica e culpa. Em outras épocas, você tenta preencher todos os momentos, com medo de parar e não fazer nada. As duas reações extremas são inúteis.

DICA

Encontre o equilíbrio em sua vida — uma quantidade razoável de atividade seguida de um pouco de adorável relaxamento. Se relaxar parece assustador — ou impossível! — tente o seguinte:

- **Relaxe somente quando você merecer.** Faça algo útil ou ativo e então dê a si mesmo um merecido descanso. Talvez um banho quente com muitas bolhas, e pegue algumas toalhas limpas e macias. Coloque uma música relaxante e quem sabe pegue uma taça de vinho ou um bom livro ou revista. Em seguida, dê a si mesmo permissão para relaxar e desfrutar da experiência.
- **Relaxe, mas não lute contra nenhum pensamento negativo, preocupação ou autocrítica que se infiltrem em sua mente (deixe isso para outro momento — confira o próximo ponto).** Apenas deixe esses pensamentos em paz e coloque sua atenção de volta em seu merecido deleite.
- **Reserve algum tempo a cada dia para ficar quieto e sozinho com seus pensamentos.** Comece devagar, com alguns minutos e, em seguida, vá aumentando até que você consiga fazer isso por cerca de 20 minutos. Se a tristeza invadir sua mente nestes momentos, pelo menos você pode descobrir como enfrentar esses pensamentos com coragem, examiná-los e enfrentá-los um por um.

Desenvolvendo o humor

Não é de se surpreender que, quando você está deprimido, raramente encontra muitas razões para rir. Muitas vezes, esta situação acontece quando você se concentra apenas nas coisas negativas da vida. Às vezes, você até evita situações em que possa rir, porque parece desconfortável e completamente em desacordo com seu humor.

A frase "rir é o melhor remédio" é mais verdadeira do que você pode pensar. Ao rir, são liberadas em seu cérebro substâncias químicas que fazem com que você se sinta mais confiante, feliz e energizado.

Aqui estão algumas dicas para redescobrir sua risada:

- **Em vez de tentar fazer você mesmo rir, tente fazer outras pessoas rirem.** Logo você vai se perceber rindo junto com elas.
- **Se você tem dificuldades para ver o lado engraçado da vida, estude alguém que faça isso.** Talvez observar comediantes naturais que você conheça, que tenham um talento para ver o lado engraçado da vida. Escute as pessoas que conseguem rir de si mesmas e aprenda a fazer o mesmo.
- **Se você leva a vida muito a sério e enche sua mente com preocupações sobre os males do mundo, lembre-se que o riso é uma maneira de melhorar as coisas**. A seriedade e ação com certeza têm sua hora e lugar, e se você pode fazer algo para corrigir uma situação, faça-o. Mas também aceite aquilo que você não pode controlar, e recuse-se a deixar que isso o derrube.
- **Reúna piadas e histórias engraçadas.** Pesquise nos jornais ou na internet até encontrar uma que você ache engraçada e difunda-a. Se você começar a mandar mensagens de texto com piadas para os amigos, eles costumam gostar, e começam a mandar outras mensagens de texto com piadas de volta para você.

Ajudando outras pessoas

As pessoas deprimidas muitas vezes passam muito tempo pensando sobre si mesmas, e, geralmente, em termos muito negativos. Para combater sua depressão, é preciso mudar esse hábito.

Se o seu humor está diminuído, uma reação comum é tornar-se hiperconsciente de seus próprios sentimentos e pensamentos e só pensar nas outras pessoas em termos negativos, tal como: "Sou um fardo para todos", "Vou deprimir todo mundo, eles devem me odiar" e assim por diante.

Mesmo que você possa querer se afastar e ser infeliz sozinho, isso nunca é uma boa ideia. Isolar-se pode ajudá-lo a evitar algumas situações desconfortáveis, mas ao custo de se manter deprimido.

EXPERIMENTE

Para tornar a experiência de lidar com outras pessoas mais positiva, experimente as seguintes dicas:

- **Leia as informações sobre treinamento de assertividade no Capítulo 8.** Coloque as técnicas em ação.
- **Aceite a oferta de uma conversa.** Lembre-se que muitas vezes a primeira coisa que alguém diz a você é apenas um começo de conversa e não deve ser entendido literalmente. Por exemplo, quando um vizinho diz: "Bom dia, que lindo dia, não é mesmo?", ele, na verdade, está dizendo: "Eu te reconheço, e porque sou um tipo de pessoa amigável, estou aberto para ter uma conversa com você".
- **Faça contato visual, sorria e cumprimente as pessoas que você conhece de uma forma calorosa e amigável.** Use seus nomes e faça um esforço para lembrar de algo sobre a última conversa que vocês tiveram.
- **Ofereça uma ajuda.** Descubra de que os outros gostam e agrade-os. Às vezes, atos que parecem pequenos ou insignificantes podem ser as coisas mais importantes para fazer com que as pessoas se sintam valorizadas. Valorize os outros e eles valorizarão você.

Eliminando o Negativo: Mantendo-se Longe de Pensamentos Sombrios

Dois aspectos importantes no desenvolvimento de uma atitude saudável incluem o incentivo a pensamentos positivos (como discuti na seção anterior) e o combate aos negativos, que é o assunto desta seção. Você precisa trabalhar em ambas as habilidades em conjunto.

Melhorando sua atitude em relação à idade

Não use sua idade para se sentir mal. Muitas pessoas veem suas idades como uma razão para se sentirem sem esperança, mas já conheci algumas pessoas que acham que estão muito velhas aos 30, e outras que ainda se sentem jovens aos 90. Milhares de pessoas reverteram a idade a seu favor, e cada idade traz novas oportunidades, se você permitir.

Aproveite ao máximo sua idade, qualquer que seja! Siga estas dicas:

- **Encontre exemplos de pessoas que tenham sua idade e com quem você quer se assemelhar e observe suas atitudes em relação à vida.** Como reagem aos desafios? Como elas reagiriam se alguém lhes dissesse que são velhos demais ou jovem demais para fazer as coisas que querem fazer?
- **Mantenha contato com novas ideias**. Mantenha-se atualizado com o que está acontecendo e com o que é novo ou está mudando — e dê-lhe uma chance. Mantenha a mente aberta a novas ideias ou experiências.
- **Force-se a ir além de sua zona de conforto.** Proponha-se um desafio e faça-o. Quer você escolha um salto de bungee jump, ou correr uma maratona ou cantar em

uma noite de caraoquê no bar da sua região, os desafios mantêm-no jovem e tornam a vida interessante.

- **Esforce-se para conversar com pessoas de diversas faixas etárias.** Converse com algumas crianças, algumas pessoas idosas e com algumas de meia idade. Você logo vai descobrir que começa a apreciar a idade que tem e a se sentir confortável com ela.

Você não deixa de fazer as coisas porque está ficando velho; você fica velho porque para de fazer as coisas.

Resistindo à exigência de perfeição

Quando está deprimido, você pode se perceber concentrando-se nas imperfeições da vida, muitas vezes de uma forma muito preto e branco, ou seja, se algo não é perfeito, você o vê como lixo. Você pode aplicar essa lógica a si mesmo (a forma como olha para seus talentos e habilidades), a outras pessoas e ao mundo ao seu redor.

Mas os seres humanos não são perfeitos: as pessoas raramente chegam perto da perfeição em qualquer coisa que façam. Então, pare de exigir perfeição e utilize o tempo reconhecendo seus pontos fortes, atributos, habilidades e conquistas.

Você pode desafiar o perfeccionismo das seguintes formas:

- **Em vez de dizer "Estraguei aquilo" ou "Eu fracassei", reconheça o quanto você acertou.** Talvez use percentagens — "Acertei 50 por cento" — ou diga "Eu fiz A e B direito, mas cometi alguns erros com C".
- **Nem sempre se compare com aqueles que estão se saindo melhor do que você.** Veja onde você se encaixa entre todo mundo em vez de apenas ver-se no final da fila. Por exemplo, em vez de dizer "Eu sou tão burro", diga: "Não sou tão inteligente como o mais brilhante nesta empresa, mas eu sou mais inteligente do que muitos".

- **Use um *continuum* (uma linha contínua com os extremos colocados em cada ponta).** Por exemplo, em vez de lamentar-se sobre quão inadequado você é, veja toda a gama de possibilidades. Desenhe uma linha com "severamente inadequado" numa das extremidades e "majestosamente adequado" na outra. Decida onde você se encaixa, em algum lugar no meio, e marque este ponto com um X. Você pode criar um continuum para qualquer atributo para ajudar a adquirir uma perspectiva: atratividade, honestidade, lealdade, compaixão e assim por diante.

Faça uma lista com todos os valores que são importantes para você e desenhe um continuum para cada um. Você descobrirá que, assim como todo ser humano que já existiu, você tem uma mistura única de pontos fortes e vulnerabilidades. Portanto, dê um tempo a si mesmo, uma pausa, e seja seu amigo.

Combatendo o tédio

A depressão pode tirar a alegria de tudo, por isso, até mesmo as coisas com as quais você costumava se importar parecem chatas e desinteressantes. O prazer torna-se uma lembrança distante. Quando você se sente assim, a ideia de atividade pode suscitar todos os tipos de medos. Uma reação comum é dedicar-se a muito *ensaio negativo*, isto é, quando confrontado com uma atividade, você começa a ensaiar em sua mente todas as maneiras que ela pode dar errado e todas as razões pelas quais você pode sentir-se mal se a fizer.

Como seria de se esperar, este ensaio negativo é um modo muito eficaz de desencorajar a si mesmo de fazer qualquer coisa!

Para combater o tédio e evitar o ensaio negativo, tente desenvolver as seguintes habilidades:

- **Tornar-se ativo.** Selecione uma atividade (mesmo se não estiver com vontade) e tente fazê-la cinco vezes. Se, após cinco vezes, ainda achar que determinada atividade não é para você, passe para a próxima atividade e comece de novo.

- **Lembrar que qualquer atividade é melhor do que atividade nenhuma em um dia.** Faça alguma coisa, mesmo que não goste; pelo menos você pode se parabenizar por tentar, e você nunca sabe — essa atividade pode levar a algo melhor.
- **Envolver todos os seus sentidos.** Por exemplo, se você decidir fazer uma caminhada, pergunte-se o seguinte:
  - O que consigo ouvir?
  - O que consigo ver?
  - O que consigo cheirar?
  - O que consigo sentir?
  - O que consigo saborear?

  Você pode se surpreender com quanto você perde quando funciona no piloto automático. Prestar atenção de verdade é um ótimo exercício para aumentar o prazer em uma atividade. Confira a seção anterior "Vivendo o hoje" para saber mais sobre como aproveitar cada momento ao máximo.

Sendo seu melhor amigo

Se alguém estivesse seguindo você por toda parte, durante todo o dia, criticando-o ou colocando-o para baixo, em pouco tempo você estaria lhes mandando recuar e deixá-lo em paz. Certo? No entanto, as pessoas deprimidas fazem exatamente isso a si mesmas e, uma vez que elas estão dizendo estas coisas, nunca revidam nem questionam a exatidão do que estão dizendo.

As consequências emocionais deste comportamento têm o mesmo efeito que o de alguém repreendendo você o dia todo. Então, torne-se o seu melhor amigo! Confira essas sugestões:

- **Seja gentil com você mesmo.** Trate a si mesmo com a mesma piedade e compreensão com que você trata outras pessoas.

- **Use a lista de verificação de erros de pensamento (no Capítulo 13) para desafiar a autocrítica e as atitudes negativas.**
- **Faça uma lista das coisas que você gosta em si mesmo.** Comece com atributos físicos, tais como cabelo ou olhos, e depois continue com valores como lealdade ou cuidado.

Capítulo 7

Elevando a Autoestima para Aumentar Sua Motivação

Neste Capítulo

- Compreendendo a baixa autoestima
- Acreditando em seu valor próprio
- Tratando a si mesmo com gentileza

Você é capaz de olhar para si mesmo de diversas maneiras diferentes, algumas úteis e outras nem tanto (e não me refiro a admirar-se e piscar para si mesmo em cada vitrine de loja por onde você passa!). Falo sobre sua *autoestima*, que se refere à sua avaliação: como você se vê como pessoa.

Quando se está deprimido, ter pensamentos, crenças e avaliações negativos de si mesmo é muito fácil. Esta abordagem negativa deixa você sentindo-se deprimido e mina sua motivação para fazer qualquer coisa que possa melhorar a situação. E como, discuto neste capítulo, quando você tenta elevar sua autoestima, o pensamento deprimido pode levá-lo a fazer isso de maneira errônea e prejudicial.

Este capítulo ajuda-o a compreender a si mesmo a partir de uma perspectiva positiva (isto é, com autoestima saudável), que o encoraja a seguir em frente quando combate a depressão. Uma boa autoestima significa mais do que se sentir confiante, e certamente não tem nada a ver com o sentimento de superioridade: vai desde gostar e respeitar a si mesmo de uma forma que não depende das opiniões de outras pessoas, tratando a si mesmo e aos outros com gentileza, e acreditando em sua capacidade para viver uma vida contente.

Identificando as Questões da Baixa Autoestima

Muitas pessoas dizem que sofrem de baixa autoestima e, no entanto não sabem realmente onde querem chegar. Ter autoestima elevada *parece* ser o Santo Graal da saúde mental. Mas, o que é isso exatamente?

Nesta seção, eu esclareço alguns equívocos sobre autoestima. Um destes equívocos é bem ilustrado por uma citação do famoso seriado americano "*Everybody Loves Raymond*", em que um personagem diz: "Todo valentão que eu já conheci tinha autoestima elevada!". Esse tipo de pessoa pode superficialmente parecer ter autoestima elevada, mas, na verdade, é muito mais provável que tenha baixa autoestima e que não esteja compensando isso de forma saudável. Em outras palavras, essas pessoas se sentem inferiores, então tentam encobrir isso colocando outras pessoas para baixo, em uma tentativa de se sentirem superiores.

Como resultado da confusão a respeito do termo *autoestima elevada*, eu uso o termo *autoestima saudável* (ou *boa*) neste capítulo, porque acho que é mais claro e mais útil.

Busque o caminho do meio da autoestima saudável: acredite que você está "bem" em vez de "perfeito"; então olhe para si mesmo e diga: "Estou bem, vivo, e respiro o mesmo ar que todo mundo". Você não precisa acreditar que é perfeito para ter autoestima.

Quando os terapeutas pedem aos pacientes para dizer o que autoestima saudável realmente significa, eis estão algumas das respostas que eles ouvem sempre:

- Sair-se bem no trabalho
- Ser uma boa mãe

- Viver de acordo com meus princípios
- Estar em um relacionamento amoroso

Esses objetivos certamente são desejáveis, mas muitas vezes são o resultado de boa autoestima e não necessariamente ajudam a elevá-la a longo prazo. Por exemplo, o que acontece se um relacionamento acaba ou você perde um emprego? Muito provavelmente, você volta às afirmações de autocondenação, como "Não sou digno de amor" ou "Sou um fracasso".

A confusão continua quando você tenta descobrir mais sobre seus próprios níveis de autoestima. Faça a si mesmo as seguintes perguntas para descobrir, pelo menos superficialmente, se você tem um problema com baixa autoestima:

- Você gosta de quem você é?
- Você se respeita?
- Você acredita em sua capacidade para vencer na vida?
- Você espera que as outras pessoas se deem bem com você?
- Você se sente motivado e tem ambições?

Se responder não à maioria dessas perguntas, você tem baixa autoestima, mas provavelmente já sabe disso. O que precisa fazer é desenvolver uma opinião mais realista de si mesmo e assim ajudar a melhorar sua autoestima.

O problema com a autoavaliação é que não é confiável. Ela funciona bem quando você está com um humor positivo e as coisas estão indo bem, mas é desastrosa quando você está se sentindo triste e as coisas não estão indo tão bem.

DICA

Reconhecer que você é a mesma pessoa quando é bem-sucedido e quando é malsucedido ajuda a manter uma avaliação e uma relação de respeito positivas e saudáveis de si mesmo — autoestima saudável — independentemente das circunstâncias.

O conceito de *autoaceitação* talvez seja útil neste contexto, porque remove o jogo de avaliação e considera a aceitação de si mesmo incondicionalmente. Não confunda, entretanto, a autoaceitação com o derrotismo. A aceitação envolve o conhecimento de seus pontos fortes e fracos e a capacidade de dizer o seguinte para si mesmo:

> *Conheço meus pontos fortes e minhas falhas. Como todo mundo, sou uma mistura única e tenho todo o direito de ser exatamente a pessoa que sou. Eu sou uma pessoa legal e isso é bom o suficiente.*

Para saber mais sobre autoaceitação, confira a seção "Falando consigo mesmo positivamente".

Autoestima saudável é essencial para a motivação e para combater a depressão. Afinal, se não acreditar em si mesmo, é improvável que você acredite que pode ser bem-sucedido e é possível que esta atitude mine sua motivação. A boa autoestima é um precursor vital para você motivar-se, e precisa ser uma meta inicial quando você decidir superar a depressão.

Descobrindo Seu Verdadeiro Valor

Nesta seção, examino com o que se parece (e não se parece) a autoestima saudável. Incentivo você a desenvolver uma opinião realista, mas ao mesmo tempo positiva de si mesmo, e derrubo vários mitos nocivos sobre como melhorar sua autoestima.

Dando crédito a si mesmo

Uma tática comum, mas equivocada, que as pessoas deprimidas podem usar para tentar elevar sua autoestima é ser supercrítico com outras pessoas, colocando os outros para baixo a fim de se sentirem superiores (por exemplo, os valentões mencionados na seção "Identificando as Questões da Baixa Autoestima"). O problema é que esse tipo de comportamento leva ao eventual afastamento de amigos e familiares, o que pode tornar sua depressão pior.

Em vez de analisar os outros e criticá-los, para combater a baixa autoestima você precisa olhar para si mesmo e dedicar algum tempo para reconhecer o que você tem. Talvez manter um diário por alguns dias e anotar qualquer coisa positiva: conquistas, elogios ou sucessos.

Dê-se o crédito pelo que faz. Por exemplo, se você está seriamente deprimido, o simples fato de sair da cama a uma hora razoável pode ser uma grande conquista. Reconheça esse fato e não caia na armadilha de desqualificar o positivo ou comparar-se com outras pessoas.

Evitando erros quando se desafia a baixa autoestima

As pessoas deprimidas (e, na verdade, muitas outras) tentam todos os tipos de maneiras pouco saudáveis para impulsionar sua autoestima que, acredite, não vão funcionar. Portanto, esta seção inteira realmente vem com um ícone do Mito Detonado afixado nela!

Sentir-se superior

Esta característica é um problema quando é seu sentido básico de valor próprio. Sentir-se superior não agrada ao público, e quando as outras pessoas percebem isso, elas o colocam em seu devido lugar dentro do grupo.

Tente diminuir o ritmo e apenas "estar" com as pessoas. Exibir constantemente quão superior você é pode ser desgastante para você e para o ouvinte!

Acreditar que você é especial

Um reforço comum, mas errôneo para a autoestima, é pensar que você é mais especial do que todos os outros. Esta necessidade de ser superior é uma maneira infalível de se distanciar daqueles que o rodeiam. As pessoas rapidamente percebem essa atuação, por isso, se você quer ser parte de um grupo, esqueça o teatro e seja apenas você mesmo. Você é passível de falhas, os outros são passíveis de falha, e o mundo também — você está em boa companhia.

Tentar controlar as pessoas

Controlar os outros para fazer com que você se sinta melhor sobre si mesmo é furada. Este comportamento não concede nenhum benefício e acaba se voltando contra você. Os controladores não têm respeito pelos pensamentos, sentimentos ou experiências das outras pessoas. O controle é uma qualidade nada atraente aos olhos de outras pessoas, e as amizades sofrem muito como resultado disso.

LEMBRE-SE

Não ache que a advertência contra ser controlador significa que você não deve ser assertivo, o que é muito diferente (veja o Capítulo 8).

Buscar aprovação

Buscar aprovação, por meio de obtenção de elogios e da aprovação dos outros, é uma forma pela qual algumas pessoas tentam animar seus egos, mas este método não é autossuficiente e requer mais alguém para dar continuidade. Em vez disso, você deve querer ser autossustentável e tolerar alguns momentos de desaprovação, porque eles são experiências úteis. Seja corajoso e admita suas fraquezas. Afinal, você não pode agradar todas as pessoas o tempo todo, e as pessoas tendem a responder melhor àqueles que estão confortáveis com seus erros.

Comportar-se defensivamente

Defender sua autoestima de modo obsessivo e agressivo é um claro sinal de baixa autoestima. Pesquisas mostram que as pessoas que sofrem de baixa autoestima têm problemas de ansiedade e agressividade, que tem um enorme impacto nos amigos e nas relações familiares.

Evite culpar o passado e outras coisas por seus problemas. Pode parecer que isso aumenta temporariamente sua autoestima, mas culpar os eventos ou as outras pessoas por seus problemas apenas camufla a situação e não o leva a mudar seus pensamentos autocondenatórios. Não é para menosprezar o impacto de outras pessoas em sua experiência, mas não importa quão maltratado você foi ou as coisas pelas quais passou, você sobreviveu — então, respire fundo e siga em frente.

Pensar que você é inferior

Sentir-se inferior é uma experiência normal, e todos já passamos por isso em algum momento. Você vai regularmente entrar em contato com pessoas que, digamos, sabem mais do que você ou que conseguem fazer algo melhor do que você. Reconhecer este fato e aceitá-lo é algo que vem com a experiência, mas com o tempo você vai ser capaz de transmitir seu conhecimento e experiência para alguém que precise de sua ajuda. Então aceite a ordem natural das coisas e que não há problema em cometer erros.

Sendo Gentil Consigo Mesmo

Se uma regra de ouro se aplica ao se recuperar da depressão, essa regra é tratar a si mesmo com gentileza. Sem esse simples ato de construção de uma relação saudável consigo mesmo, todos seus esforços vão ter pouco ou nenhum efeito. Parte disso é usar o compassivo ingrediente de entender como dar sentido a seu passado e desenvolver uma perspectiva cordial, simpática e empática para ajudá-lo a seguir em frente.

Decida fazer as pazes consigo mesmo e tenha certeza de ser gentil e tratar-se com respeito. Tente reconhecer seu antigo hábito depressivo de pensamento de colocar-se para baixo e pergunte-se o que seu melhor amigo diria sobre esta questão. Procure substituir a autorrepreensão por genuína compaixão e compreensão. Comece hoje (afinal, pelo menos você está sempre disponível). Vá tomar um café com você mesmo e escreva uma lista de coisas que você quer, pode querer ou nunca quer fazer consigo mesmo. Em seguida, comece e faça o primeiro item em sua lista de "coisas que quero fazer".

Você pode até mesmo desfrutar da experiência de conhecer a si mesmo! Se você não gosta de alguns aspectos de si mesmo, não se preocupe; afinal de contas, você pode gostar de algumas partes e de outros aspectos não. Aceite suas partes que lhe agradam, e comece a concentrar-se nas outras.

Avaliar-se constantemente para tentar sentir-se digno é uma causa perdida. Essa avaliação lhe coloca condições às quais você não consegue obedecer o tempo todo. Portanto, livre-se do papo autocondenatório que torna a vida tão difícil e, quem sabe, talvez você consiga atingir seus objetivos.

Usando a autoaceitação incondicional para se aceitar

O conceito de *autoaceitação incondicional* tem uma visão geral e reconhece a situação como um todo para fornecer uma perspectiva adequada. Veja como ele funciona.

Imagine-se olhando uma enorme pintura a óleo. Quando você está com o nariz grudado na pintura, tudo que consegue ver é uma pincelada escura de tinta preta de que você não gosta. Talvez sua própria cabeça também esteja fazendo uma sombra, tornando aquela parte específica da pintura ainda mais escura e sombria. No entanto, quando você chega para trás, consegue ver toda a imagem em perspectiva, e é uma bela pintura, ainda que complexa.

Agora olhe atentamente para seus fracassos aparentes e para as áreas mais escuras de sua vida. Talvez você só esteja com o nariz muito perto da pintura. Dê um passo para trás e aprecie a vista mais ampla. Há mais em si mesmo do que você se dá crédito, e a tinta preta ou sombra da pintura que você deseja apagar pode de fato dar textura à imagem. Olhe para si mesmo em sua totalidade — todas as experiências, pensamentos, sentimentos e comportamentos de toda uma vida com as outras pessoas e sozinho. Como você pode resumir tudo isso em uma única avaliação global?

Aqui está outro exercício para adquirir perspectiva. Faça um desenho com a forma de um ovo em um pedaço grande de papel. O ovo representa você. Agora responda estas perguntas:

- De que traços de personalidade positivos você gosta em si mesmo?
- De que traços de personalidade negativos você não gosta em si mesmo?
- De quais características positivas você gosta em si mesmo?
- De que características negativas você não gosta em si mesmo?
- De que hobbies e interesses você gosta agora?
- Que pensamentos você gosta de ter?
- A respeito de quais pensamentos você é ambivalente ou imparcial?
- De que pensamentos você não gosta?
- Com quais emoções você consegue permanecer e tolerar?
- Com quais emoções você não consegue permanecer e tolerar?
- De quais partes de seu corpo você gosta?
- De quais partes de seu corpo você não gosta?

Coloque cada resposta em um círculo no ovo até que ele esteja cheio. Agora, afaste-se um pouco e responda à seguinte pergunta: "Você é uma pessoa simples ou complexa?". Repare que não digo complicada, mas complexa, como em multifacetada.

Certamente, quando olha para o ovo lotado, você honestamente não consegue se ver como outra coisa além de um ser humano complexo e único. Você é claramente um ser humano multifacetado e falível, assim como todo mundo, que pode — e a quem é permitido — cometer erros. Declarações excessivamente genéricas e autocondenatórias — tal como "Sou um fracasso" e "Não sou digno de amor" — podem parecer exatas no momento, mas o ovo em seu papel prova o contrário.

LEMBRE-SE

Sendo assim, não se condene por completo por conta de um incidente. Um grão de areia não faz uma praia, mas uma praia requer muitos grãos.

Mudando das declarações genéricas para as específicas

Sua mente pode estar cheia de negações, que podem ser uns carinhas bem teimosos quando você está tentando mudá-los. Você pode se pegar repetindo algumas das seguintes declarações:

- Eu sou um fracasso.
- Eu sou fraco.
- Eu sou patético.
- Eu não sou digno de amor.
- Eu sou chato.
- Eu sou desagradável.

Como você pode perceber, essas são declarações globais que, muitas vezes, você usa em ocasiões específicas. Por exemplo: “Não fui bem em uma prova e, portanto, sou um fracasso”. Mas você não precisa ir tão longe. A chave é permanecer no momento. Provas podem ser realizadas novamente, mas o constante pensamento de autocrítica pode se tornar um hábito para toda a vida.

Você não joga seu carro inteiro fora por causa de um arranhão no para-choque ou destrói toda sua casa por causa de um azulejo quebrado no banheiro. Então, por que fazer isso com você mesmo?

Falando positivamente consigo mesmo

Nada no universo afirma que você tem de ser bom em tudo, o tempo todo, pelo resto de sua vida. Você pode ser inseguro às vezes. De qualquer forma, quem quer ser o Super-Homem ou a Mulher-Maravilha? (Aquela pressão toda e as roupas horríveis!).

Tente repetir para si mesmo algumas dessas úteis declarações de autoaceitação:

- Eu posso cometer erros.
- Eu sou apenas humano.
- Eu não sou completamente ruim.
- Eu nem sempre fracasso.
- As coisas acontecem na vida e eu consigo lidar com elas.
- Eu consigo dar conta das coisas às vezes.
- Eu sou digno de amor, às vezes.
- É bom ser eu.
- Nem sempre sou fraco.

Estas declarações esperançosas dizem respeito a todos. Os seres humanos são inerentemente imperfeitos, mas um dia... talvez... e aqui reside a esperança.

Usando o modelo do preconceito

Nesta seção, analisamos pensamentos autocondenatórios de uma maneira ligeiramente diferente. Uso o *modelo do preconceito*, que é uma forma útil para ajudá-lo a ver que o preconceito contra si mesmo é tão errado e destrutivo como qualquer outra forma de preconceito. Quero enfatizar o quão poderosa e prejudicial esta linguagem pode ser para você. Quando você compreende este fato, pode encontrar maneiras de deixar sua atenção, que está muito consciente, mais equilibrada em seu ponto de vista.

EXEMPLO

Roberto lhe diz um dia que tem um preconceito em relação a pessoas de um determinado país — vou chamá-lo de Grandócia. Ele lhe diz que acredita que eles todos bebem muito lá e que são todos agressivos. O que você diz? Bem, sem dúvida, você sabe que as declarações muito genéricas de Roberto simplesmente não podem ser verdade para todas as pessoas de Grandócia. Você pode fazer algumas perguntas a Roberto sobre o preconceito dele, para tentar compreender algo e tentar ver a lógica para isso. Talvez ele responda que uma experiência antiga com um professor desagradável de Grandócia levou-o a formar essas crenças. Então, agora ele deliberadamente evita misturar-se com essas pessoas e, ao fazer isso, priva-se de ter uma boa experiência, que possa refutar essas crenças e ajudá-lo a ser menos intolerante.

Da mesma forma, quando uma pessoa é intolerante contra si mesma, ela muitas vezes evita as próprias experiências que podem fornecer provas as quais refutem a visão negativa de si mesma.

Eu uso o exemplo de intolerância xenófoba ao discutir a autoaceitação, porque a toxicidade dos pensamentos pode ser semelhante. Também quero demonstrar que, assim como quando as pessoas fazem amizade com as pessoas que elas discriminavam anteriormente e descobrem que suas crenças anteriores eram imprecisas, da mesma forma as pessoas deprimidas que fazem amizade consigo mesmas, podem descobrir que suas crenças depressivas sobre si mesmas eram imprecisas.

Dando um passo de cada vez em direção ao contentamento

Alguém disse uma vez que a loucura é repetir o mesmo comportamento muitas vezes, esperando por resultados diferentes a cada vez. Quando está deprimido, você pode acabar pensando desta forma quando diz a si mesmo: "Eu não posso suportar a ideia de ser um fracasso". Então, você simplesmente não aparece. Mas o que acontece se você tentar algo diferente: como será que impactará em seus pensamentos autocondenatórios? Talvez você descubra que vivenciar esses pensamentos é na verdade pior do que vivenciar o risco de fracasso em si.

Experimente vivenciar o pensamento negativo e ver se você consegue suportá-lo. Tolerar o intolerável pode ser um músculo útil para desenvolver na ginástica mental, então comece a malhar o músculo da mente! Dando um passo de cada vez, você pode começar a desenvolver provas de que um pensamento útil, que traga paz e ajude-o a superar seu pensamento depressivo, está correto.

Soltando a corda

Às vezes, a depressão pode ser como um cabo de guerra: você quer ser feliz, mas constantemente tem pensamentos infelizes; você quer ser otimista sobre o futuro, mas enche sua mente com previsões negativas; você quer se dar bem com outras pessoas e ser querido por elas, contudo, enche sua mente com leitura mental negativa, e assim evita a companhia dos outros.

Como em qualquer cabo de guerra, o melhor modo de acabar com a luta é soltar a corda. Em outras palavras, pare a batalha interna e veja o que acontece. Esta decisão pode parecer incrivelmente simples ou incrivelmente difícil dependendo de seu ponto de vista, mas com prática você pode descobrir como soltar a corda e permitir-se parar de lutar com a vida.

Por exemplo, considere o pensamento útil: "Às vezes não sou bem-sucedido nas coisas, mas em outras vezes, sou; a vida é assim, e não tem problemas cometer erros e fracassar". Se você se der tempo para realmente cogitar esta declaração, torna-se óbvio que ela é verdadeira e assim assume prioridade sobre a declaração "Sou um fracasso o tempo todo", que é negativa, inútil e simplesmente errada.

A viagem para se tornar capaz de tolerar suas frustrações e imperfeições é desafiadora, mas vale a pena. Tolerância significa que você não precisa preencher todos os requisitos da perfeição mas, em vez disso, que você pode aceitar a ideia de que não precisa ser super-humano e ser bom em tudo.

A autoaceitação e a tolerância ajudam-no a reconhecer que você é humano, com todo tipo de falibilidades, tal como ter pensamentos bons e ruins. Todo mundo vivencia emoções difíceis... É parte da experiência humana (veja o Capítulo 5 para mais informações sobre as emoções negativas).

Capítulo 8

Desenvolvendo Habilidades que Desafiam a Depressão

Neste Capítulo

- Consolando-se nos contratempos
- Recuperando sua resiliência
- Usando a asserção para se recuperar da depressão

A depressão pode afetar de modo negativo sua personalidade e causar a perda da autoconfiança. Muito facilmente você se torna autocrítico, começa a duvidar de suas habilidades, e se sente incapaz de se defender de acusações (mesmo as falsas).

As três habilidades pessoais que descrevo neste capítulo, e que são de valor inestimável para ajudá-lo a lidar com essas situações cotidianas que são tão difíceis quando se está deprimido, são:

- **Compaixão** para combater a autocrítica
- **Resiliência** para ajudar a reconhecer seus pontos fortes e habilidades
- **Assertividade** para quando você achar que é difícil defender seus interesses

Desenvolvendo a Compaixão

A capacidade de se reconfotar é importante na recuperação da depressão, e nesta seção eu dou uma olhada em por que algumas pessoas acham tão difícil fazê-lo. Ao reagir a uma situação difícil, as pessoas tendem a recorrer a um dos três *modos de resposta* comuns a seguir, o que pode causar problemas quando aplicados inadequadamente:

- **Modo de ameaça:** Também conhecido como a *resposta de fuga ou luta*, o modo de ameaça é quando você se sente ameaçado e foge para evitar a situação, ou se torna agressivo para repelir a ameaça. Ambos os tipos de resposta podem ser adequados em determinadas circunstâncias, por exemplo, quando você corre perigo físico.
- **Modo de conquista:** Este modo é quando você tenta resolver uma situação, provar seu valor e superar o problema. Mais uma vez, esta resposta é apropriada em certas circunstâncias. Por exemplo, você poderia temer não ser inteligente o bastante para passar em algumas provas, mas estuda muito para compensar a fraqueza que acredita ter (um medo que muitas vezes é falso, por sinal).
- **Aceitação (ou modo compassivo):** Neste modo, você aceita que é inevitável e que não há problemas em cometer erros ou ocasionalmente não ser bem-sucedido, e que algumas coisas vão dar errado, apesar de seus melhores esforços. Mas você ainda pode se consolar e aceitar suas falhas sem se envolver em autocrítica ou autorrepreensão. Usar uma reação de aceitação é apropriado em situações que estão além de seu controle. Por exemplo, você pode estabelecer como objetivo realizar sua ambição de ganhar uma medalha de ouro em uma competição esportiva, mas você está exausto no dia. Você pode ficar adequadamente desapontado e, ao mesmo tempo, aceitar que deu o seu melhor e sentir-se orgulhoso de chegar a competir em um nível elevado.

A chave é utilizar a reação apropriada para a situação.

Atingindo o modo de aceitação

As pessoas deprimidas frequentemente têm grande dificuldade em aceitar e gostar de si mesmas quando têm êxito. Este problema surge quando você baseia seu valor próprio e autoestima em como você acha que outras pessoas o percebem. Como resultado disso, você fica alternando entre o modo de ameaça e o modo de conquista e nunca alcança o modo de aceitação em que você pode vivenciar a aceitação pacífica de sua situação, reconhecer que não é sua culpa, e ser gentil, compreensivo e compassivo consigo mesmo.

A dificuldade de entrar no modo de reação de aceitação é comum em pessoas que vivenciaram muita aceitação condicional no início de suas vidas. Em uma infância saudável, as crianças sentem que os pais e outras pessoas comemoram seus sucessos com eles e ainda assim elas também se sentem apoiadas incondicionalmente e consoladas quando não têm êxito ou fazem algo errado. Mas, durante a criação de algumas pessoas, adultos importantes deixaram de mostrar às crianças que elas são tão amadas e aceitas ao falharem, como quando são bem-sucedidas.

As pessoas que não recebem apoio incondicional e consolo às vezes desenvolvem uma percepção de que são aceitas pelos outros apenas quando trabalham bem e têm êxito. Como resultado disso, elas não conseguem desenvolver a capacidade de consolarem a si mesmas ou de se tranquilizarem quando as coisas dão errado.

Aqui estão algumas maneiras de ajudar a si mesmo a se consolar:

- **Reconheça quando você está sendo autocrítico, falando negativamente de si mesmo ou repreedendo.** Da próxima vez que você sentir que as coisas estão indo mal, escreva o que você diria para si mesmo e, em seguida, examine o que escreveu, procurando por declarações indelicadas, insultos e críticas.
- **Pergunte-se se o seu melhor amigo seria tão duro e tão crítico com você.** Normalmente, as pessoas são muito mais duras, e mais críticas, consigo mesmas e mais indulgentes para com os outros.

- **Imagine um amigo perfeito, alguém que é sábio, compassivo, bondoso, paciente e atencioso.** Este amigo perfeito é honesto com você, mas está sempre do seu lado, apoiando-o. A pessoa tem como objetivo ajudá-lo a aceitar sua situação difícil e ser compreensivo e compassivo consigo mesmo. Seja como esse melhor amigo para si mesmo.
- **Escreva uma carta para si mesmo, vinda do amigo perfeito do item anterior.** Tenha cuidado para não cair na crítica disfarçada como conselho. A carta não tem como objetivo dizer o que você deveria ter feito ou dar conselhos sobre como lidar com a situação. Em vez disso, seu objetivo é ajudá-lo a aceitar a situação e não se culpar; apoiá-lo e reconhecer que você é tão aceitável e digno de amor quando as coisas dão errado assim como quando é bem-sucedido.
- **Esforce-se para ser gentil com você mesmo, comprometa-se a não ser autocrítico nem se repreender.** Tente reconhecer que você é a mesma pessoa quando está tendo sucesso ou quando está tendo dificuldades na vida, e que não há problemas em ser falível.
- **Compartilhe sua situação com alguém de sua confiança, e deixe que essa pessoa o apoie.** Anote tudo o que a pessoa disser que seja compassivo ou gentil, e consulte esse material quando você se pegar sendo autocrítico no futuro.

LEMBRE-SE

O caminho para superar a depressão é mais ou menos como uma dança — três passos para frente, dois passos para trás; mas lembre-se sempre do passo que avançou... E que esse passo será então seguido por um quarto, quinto, sexto e assim por diante.

Reconhecendo seus pontos positivos

A criação de um registro de dados positivos (veja a Tabela 8-1) é útil para ajudá-lo a aceitar a si mesmo, incentivando-o a focar no positivo. Este enfoque ajuda-o a superar a tendência depressiva de desqualificar as experiências positivas e focar apenas nas negativas. O registro funciona como uma verificação da realidade e o ajuda a ver o que você está conquistando a cada dia. Você pode encontrar uma versão em branco da Tabela 8-1 para completar no apêndice, ao final deste livro.

A verificação da realidade é importante, pois a depressão tem uma tendência de fazer tudo parecer sombrio e sem esperança. Você pode desafiar esta tendência negativa se recuar e olhar através do ponto de vista de "quando eu não estava deprimido" e perguntar a si mesmo "Como eu teria visto esta situação antes de estar deprimido?"

Tabela 8-1 Exemplo de um Registro de Dados Positivos

Situação	*O que aconteceu*	*Sentimentos positivos sobre isso*	*Pensamentos positivos sobre isso*	*O que você poderia fazer diferente como resultado*
No trabalho, um colega me perguntou se eu o ajudaria com um problema difícil com o qual ele estava tendo dificuldade.	Fui capaz de ajudá-lo e, juntos, resolvemos o problema. O gerente nos elogiou.	Senti-me satisfeito e orgulhoso; senti satisfação profissional. Senti que pertencia a algo e que era respeitado.	Meu colega respeita minha opinião e sente que pode pedir minha ajuda. Gosto do meu emprego e sinto-me satisfeito por ter feito um bom trabalho. É bom que nosso gerente tenha reconhecido isso.	Vou me sentir mais incluído na equipe e como resultado disso, adotarei um papel mais ativo. Tentarei ser um membro, melhor da equipe e parar de me isolar.

Reconhecer os aspectos positivos pode ser um pouco como aprender uma nova língua, e leva um tempo para o "músculo" da língua desenvolver sua força. Depois de um pouco de prática, porém, ele se torna forte e capaz de influenciar a forma como você se sente e ajudá-lo a ser mais firme. Você pode tomar medidas para fortalecer o músculo, obter mais equilíbrio e ter uma visão panorâmica da situação.

Quando você está se sentindo deprimido, tende a ter apenas uma maneira de ver as coisas: a forma deprimida. Para tentar incorporar as diferentes perspectivas além do ponto de vista deprimido, faça a seguinte pergunta a si mesmo: "Sou eu falando ou é a depressão?". Neste último caso, faça o que normalmente faria nesta situação quando não está deprimido.

Para ajudar a desenvolver suas habilidades de descrição e percepção, realize o exercício do turista (lembrando-se de classificar seu humor em uma escala de 10 antes e depois do exercício) e também a meditação de atenção plena, ambos descritos em detalhes no Capítulo 9.

Se o seu humor melhorar, ótimo, você está no caminho certo. No futuro, lembre-se de que você consegue fazê-lo!

Redescobrindo Sua Resiliência

Toda esta seção é sobre reconhecer seus pontos fortes. Quando você está deprimido e as coisas começam a dar errado, você pode facilmente sentir-se oprimido e sem esperança. A ideia de resiliência é de lembrar-se que, antes de ficar deprimido, você lidou com todos os tipos de problemas e dificuldades. Você não perdeu sua inteligência ou habilidade agora, apenas a autoconfiança para lidar com os desafios da vida.

Quando você perde o medo do fracasso e aceita que pode cometer erros, o fato de tentar se torna muito menos intimidador.

O processo a seguir ajuda-o a se lembrar que você já lidou com dificuldades no passado, e pode fazê-lo novamente:

1. **Anote seu problema.**

   Seja claro e verdadeiro e tente não fazer julgamentos (como "não há esperança" ou "não há nada que eu possa fazer"). Seu primeiro objetivo é apenas definir o problema.

2. **Tente lembrar-se de uma época em que você foi realmente bem-sucedido ou que tenha superado algum tipo de dificuldade.**

   Escreva essa conquista também.

3. **Pergunte a si mesmo quais atributos você demonstrou para superar o problema.**

   Lembre-se que você ainda é capaz de exibir as qualidades necessárias, quaisquer que sejam; por exemplo, perseverança, inteligência ou trabalho duro. Liste os pontos fortes e qualidades que você usou quando teve êxito.

4. **Relembre o problema original.**

   Pergunte a si mesmo como as qualidades que você demonstrou antes podem ajudá-lo a superar seu problema atual.

Outro método que pode ajudar é pensar em alguém que você conhece e que é muito bom em lidar com situações semelhantes. Pergunte-se o que a pessoa faria nesta situação para administrar o problema, e depois apenas tente fazer o mesmo.

Todo mundo tem o que eu chamo de *ideias para a vida* (maneiras como você quer levar sua vida de modo a poder sentir-se orgulhoso e realizado), e você pode usar suas ideias para aumentar a resiliência. As ideias para a vida giram em torno de todo tipo de área, tal como meio ambiente, família, amizade, intimidade, política e espiritualidade.

Este exemplo envolve uma ideia de vida ligada à amizade. João é um homem gay que se separou de seu parceiro depois de um relacionamento de 17 anos e tornou-se deprimido. Ele já não sai de casa, sente-se velho e acha que a vida acabou. Agora, quer voltar a ser como costumava ser antes da depressão. Quer ser visto como um amigo acessível, coerente e relaxado, que gosta da companhia dos outros.

Atualmente, João dorme e acorda alternadamente durante toda a manhã, mas não sai da cama antes das duas da tarde, ignorando as ligações de amigos. Ele decide que ignorar o telefone afasta-o de sua ideia para a vida, e que ele quer recuperar alguma normalidade.

João tem de reconhecer seus pensamentos automáticos negativos (PAN), mas os trata com ceticismo e avança em direção à meta comportamental que estabeleceu, que é atender ao telefone da próxima vez que tocar.

A depressão não deixa espaço para a espontaneidade, porque é uma doença controladora que lhe priva de sua ideia de ego e de como a vida deve ser vivida. Embora exista o momento certo para desafiar os pensamentos e encontrar provas a favor e contra eles, igualmente, às vezes a resposta apropriada é *permitir* que os pensamentos existam e ainda assim demonstrar resiliência ao agir em consonância com a forma como você quer ser visto e o que quer que os outros pensem a seu respeito.

Suas ideias para a vida se conectam com sua noção do que os psicólogos chamam de *autorrealização*: o processo de desenvolver-se e tornar-se a pessoa que você quer ser. A depressão entra em ação quando você se sente paralisado e incapaz de viver de acordo com sua ideia para a vida. Este "encolhimento" da vida pode ocorrer durante um longo período, mas se você for capaz de reconhecê-lo, pode tomar medidas para reverter o processo.

Jonas tem uma ideia para a vida em relação à família. Ele quer ser um filho amoroso e carinhoso, que está sempre ao lado de seus pais. Ele quer estar disponível para seus irmãos e irmãs e ser o "velho" Jonas — amoroso e divertido. Ele percebe que está se afastando desse tipo de comportamento e toma providências de ligar para seu irmão para uma conversa, classificando seu humor antes e depois do telefonema.

Este processo de autorrealização é bastante simples e se conecta com o que todo mundo faz de vez em quando. Tenho certeza de que você já se forçou a ir a um evento e, em seguida, disse: "Eu não achava que fosse gostar disso, mas estou feliz por ter ido!". Você tem apenas de decidir como quer que sua vida seja e trabalhar para aumentar as coisas que fazem com que se sinta melhor, como ir à academia, e diminuir as coisas que fazem você se sentir pior (por exemplo, ficar ruminando sobre quão infeliz você está). A chave é aumentar suas atividades de acordo com seus valores pessoais e ideias para a vida. Aqui estão alguns passos simples para alcançar isso:

1. **Decida o que você valoriza em diferentes áreas de sua vida — suas ideias para a vida.**

   Uma boa maneira de reunir suas próprias ideias para a vida é fazer a si mesmo um conjunto de perguntas que ajudam a descobrir e identificá-las. A Tabela 8-2 é um exemplo de alguém que fez isso. Tente fazer a si mesmo as mesmas perguntas (você pode encontrar uma versão em branco desta tabela para você mesmo completar no Apêndice).

Tabela 8-2 Exemplo de um Formulário de Ideias para a Vida

Área	*Ideia para a Vida (IPV)*
1. **Intimidade**	
(O que é importante para você na maneira como age em um relacionamento íntimo? Que tipo de parceiro você quer ser? Se você não está envolvido em um relacionamento no momento, como gostaria de agir em um relacionamento?)	Gostaria que minha parceira me visse como leal, afetuoso, divertido e amoroso.
2. **Relações familiares**	
(O que é importante para você na maneira como deseja atuar em papéis como irmão, irmã,	Gostaria que minha família me visse como amoroso, interessado neles, preocupado

continua

Tabela 8-2 ***Continuação***

	Área	***Ideia para a Vida (IPV)***
	filho, filha, pai, mãe ou parente por afinidade? Se não está em contato com alguns deles, você gostaria de estar e como agiria em tal relacionamento?)	em relação ao bem-estar deles e divertido.
3.	**Relações sociais**	
	(O que é importante para você no modo como age nas amizades que tem? Como você gostaria que seus amigos lembrassem de você? Se não tem amigos, gostaria de ter alguns e qual papel gostaria de ter em uma amizade?)	Gostaria que meus amigos me vissem como uma pessoa divertida, leal, interessante, útil, com cuja atenção podem contar.
4.	**Trabalho**	
	(O que é importante para você em seu trabalho? Que tipo de empregado quer ser? Quão importante é o que você conquista em sua carreira? Que tipo de negócio você quer ter?)	Gostaria de ser visto como alguém que trabalha duro e que trabalha bem em equipe; que é confiável, inteligente, habilidoso e honesto.
5.	**Educação e formação**	
	(O que é importante para você em sua educação ou formação? Que tipo de estudante quer ser? Se você não está estudando, gostaria de estar?)	Gostaria de obter um diploma. Quero ser visto como inteligente por meus colegas.

continua

	Área	*Ideia para a Vida (IPV)*
6.	**Diversão**	
	(O que é importante para você em termos de atividades de lazer? Você tem algum interesse, hobby ou pratica algum esporte? Se você não tem nenhum interesse, o que você, idealmente, gostaria de fazer?)	Gostaria de ser mais ativo e melhorar no squash. Ser visto como um bom jogador, que não é muito competitivo.
7.	**Espiritualidade**	
	(Se você sente que é uma pessoa espiritualizada, o que é importante para você na maneira como quer seguir um caminho espiritual? Se você não sente isso, gostaria de sentir, e o que você quer idealmente em relação a um aspecto espiritual de sua vida: a paz de espírito, relaxamento, satisfação?)	Não sou religioso, mas gostaria de ser visto como mais sereno, e como se estivesse em paz com o mundo. Gostaria de ser visto como alguém que aceita o que a vida lhe apresenta.
8.	**Trabalho voluntário**	
	(O que você gostaria de fazer para a comunidade, por exemplo, trabalho voluntário ou caridade, ou atividade política?)	Gostaria de ser visto como politicamente consciente, embora talvez não ativo na política.
9.	**Saúde/bem-estar físico**	
	(O que é importante para você na maneira como age para manter sua saúde física?)	Quero estar em forma e saudável e respeitar meu corpo.

continua

Tabela 8-2 ***Continuação***

Área	*Ideia para a Vida (IPV)*
10. **Saúde mental** (O que é importante para você, em geral, no modo como age no que diz respeito à sua saúde mental?)	Não desistir, tentar manter uma visão equilibrada das coisas e me manter saudável e feliz são coisas importantes para mim.
11. **Outras ideias para a vida** (Considere se quaisquer outras ideias para a vida que não estão listadas acima se aplicam a você, e especifique-as.)	***Ideia para a Vida (IPV)*** Continuar tocando meu piano é importante para mim, bem como continuar melhorando até chegar a um alto nível de dificuldade.

Conhecer suas IPVs permite que você comece a definir objetivos, por isso, quando decidir suas IPVs, avalie seus comportamentos e pensamentos e decida se eles são úteis para levá-lo em direção às suas IPVs. Se não, procure por alternativas.

2. **Concentre-se em sua evitação das coisas. Lembre-se que não é o que você faz, mas por que faz.**

   Ficar de repouso pode ser uma resposta saudável a uma semana cansativa ou pode até mesmo funcionar como um mimo. Mas se você estiver ficando na cama para evitar as coisas, é possível que isso tenha um papel fundamental na manutenção de sua depressão.

3. **Compreenda a relação humor/comportamento.**

   Normalmente, na depressão, um humor diminuído em grande parte determina seu comportamento (tal como evitar as coisas, isolar-se socialmente e permanecer inativo). Comece a procurar por padrões em seu humor e como eles se relacionam com o que você está fazendo ou não está fazendo (por exemplo, seu humor está sempre mais diminuído pela manhã, quando você fica na cama por duas horas depois de acordar).

4. **Faça mudanças.**

   Usando o que você descobriu do passo 1 ao 3, comece a fazer as mudanças necessárias em sua vida. Durante este processo contínuo, você pode avaliar as consequências imediatas e de longo prazo. Isso ajuda-o a ter algum controle sobre seu humor e a garantir que seu comportamento e pensamento levam-no a realizar suas IPVs.

Descobrindo o Poder da Assertividade

Quando está sendo assertivo, você se sente confortável fazendo uma declaração positiva ou afirmação. Esta seção guia-o pelas habilidades, atitudes e competências necessárias, esclarecendo alguns equívocos ao longo do caminho e ajudando-o a tornar-se mais assertivo.

Assertividade não é ser agressivo e fazer as coisas do seu jeito.

Definindo assertividade

Em geral, você pode se comunicar com as outras pessoas de três formas básicas:

- **Passivamente**: Você ganha, eu perco. Agir assim é ser submisso e negligenciar seus próprios direitos, necessidades e desejos. Quando é passivo, cede às exigências dos outros e permite que eles passem por cima de você.

  O comportamento passivo leva ao ressentimento e a sentimentos de alienação em relação aos outros. Ele pode alimentar sua depressão, pois você se vê constantemente vindo por último e tendo suas necessidades ignoradas.
- **Agressivamente**: Eu ganho, você perde. Agir assim é ser um valentão, exigindo que as outras pessoas façam o que você deseja e colocando suas necessidades e desejos acima das necessidades dos outros.

A agressividade leva a relacionamentos difíceis e medo de rejeição, abandono e alienação. Ela alimenta sua depressão pois você constantemente sente como se precisasse lutar por tudo, e como se não se adequasse ou se desse bem com os outros. A agressividade existe em dois tipos gerais:

  - **Agressão direta** é invadir o espaço corporal e atacar verbalmente a outra pessoa, com voz alta e com o uso (ou ameaça) da força física.
  - **Agressão indireta** é ser sarcástico, caluniar e usar malícia para enfraquecer a outra pessoa, com a intenção deliberada de prejudicar e buscar vingança.

- **Assertivamente:** Nós dois ganhamos. Agir assim é ser respeitoso com suas próprias necessidades e desejos, bem como com os das outras pessoas. Como resultado, você se sente respeitado pelos outros e é capaz de ter relacionamentos saudáveis e de sentir que a vida é justa e imparcial.

LEMBRE-SE

A assertividade é uma boa maneira de combater a depressão, pois sua vida se torna equilibrada e os relacionamentos saudáveis, incluindo seu relacionamento com você mesmo.

O diálogo e a negociação são fundamentais para a assertividade, pois nela existe a possibilidade de perder a discussão e aceitar este resultado com humildade (em comparação, a agressão é uma postura exigente, tomada quando a negociação foi encerrada e não permitiu que a outra parte ganhasse). A assertividade diz respeito a manter os canais de comunicação abertos para negociar, e não ficar na defensiva. Uma pessoa assertiva se sente confortável ao expressar necessidades, desejos e sentimentos de forma honesta e aberta.

A agressão e a passividade são baseadas em suposições e presunções, e como resultado, não deixam espaço para o diálogo aberto e compreensível. Pessoas que sofrem de passividade e agressividade nunca põem à prova realmente o que foi dito, mas deixam suas suposições dominarem seu intelecto. Em vez de deixar as coisas assim, tente se arriscar e descobrir os fatos. Você pode fazê-lo de modo simples, mas eficaz, testando o que foi dito e ganhando tempo para pensar a desenvolver uma resposta assertiva; por exemplo, ao dizer "Desculpe, pode repetir o que disse?" ou "Desculpe-me se eu estiver errado, mas acho que você disse...".

Ser passivo ou agressivo pode ser exaustivo, por isso tente ser assertivo, quem sabe apenas para economizar seus níveis de energia!

Assertividade: Ultrapassando as barreiras

Existem várias barreiras para ser assertivo, entre elas um mal-entendido em relação a uma questão. Muitas pessoas acreditam que assertividade gira em torno de exigir seus direitos, mas isso não leva em conta a situação como um todo. Na verdade, a assertividade diz respeito à abertura dos canais de comunicação de um modo honesto e útil. Uma parte crucial da assertividade adequada é usar "Eu" ao falar sobre seus sentimentos, e não dizer "Você me fez sentir" ou "É por sua causa" (veja a seção "Empregando o Eu" para obter mais detalhes).

Outra barreira para agir assertivamente pode ser quando você cresce em uma família onde expressar suas necessidades ou desejos é visto como algo egoísta. Mas isso, novamente, é um equívoco, pois:

- **Egoísmo** é quando você come o bolo todo, deixando apenas migalhas para as outras pessoas.
- **Interesse pessoal** é quando você divide o bolo de forma igual e pega sua própria fatia.

Você desenvolve sua identidade ao ter um interesse pessoal, e demonstra isso de várias maneiras, inclusive por meio de sua aparência, hobbies, paladar para comida e assim por diante. As outras pessoas passam a conhecê-lo mais claramente quando podem ver o que você gosta e não gosta.

Um outro obstáculo para ser assertivo é o pensamento exigente, especialmente ao reivindicar seus direitos; isso pode facilmente levar à agressividade, porque as demandas tendem a ser inflexíveis, rígidas e incompatíveis com a realidade. A flexibilidade, por outro lado, é o caminho a seguir e leva você a uma posição melhor ao ser assertivo (a sua resiliência também precisa de flexibilidade para que você possa se recuperar e limpar a poeira dos joelhos cada vez que cair).

DICA

Como um guia para ser assertivo, use o truque mnemônico a seguir, o AVES:

- **A**ter-se a seus valores (e não fazer nada de que você se arrependa depois)
- **V**erdadeiro, sem desculpas ou exagero
- **E**vitar desculpas por estar vivo
- **S**er justo comigo e com os outros

Reconhecendo seus direitos

A depressão costuma privá-lo de sua assertividade. Como resultado, é provável que você ache difícil afirmar-se das seguintes maneiras:

- Dizer "sim" quando quer dizer "sim" e "não" quando quer dizer "não", sem se sentir culpado
- Comunicar claramente aos outros o que você está sentindo de uma forma calma e confortável
- Não permitir que o medo do conflito impeça-o de falar ou obrigue-o a fazer coisas que você não quer fazer
- Sentir-se bem consigo mesmo
- Sentir-se no direito de ser quem você é, expressando o que sente de forma aberta e honesta, e assumindo a responsabilidade por suas ações

No entanto, se você não se comportar de maneira assertiva, é provável que você sinta o seguinte:

- **Raiva**: Se você não expressar a raiva de forma adequada, ela pode se acumular até você perca o controle e exploda de raiva.
- **Ansiedade**: Você evita determinadas situações ou pessoas que fazem com que se sinta ansioso.

- **Depressão**: Você se sente sem esperança, e, piora, assim, a causa original da falta de assertividade.
- **Frustração**: Você se sente impedido de conseguir o que quer e deixa que esses sentimentos impeçam-no de fazer aquilo que, de outra forma, alcançaria seu resultado desejado.
- **Dificuldades de relacionamento:** Ter qualquer tipo de relacionamento bem-sucedido é difícil se você não consegue se comunicar abertamente, seja no trabalho, com os amigos ou romanticamente.
- **Ressentimento**: Raiva dos outros por não o compreenderem ou por não terem consideração.

Eis uma lista de declarações assertivas. Repita para si mesmo que você tem o direito de:

- Respeitar a si mesmo e quem você é.
- Reconhecer suas próprias necessidades como um indivíduo, separado do que é esperado de você em papéis como o de esposa, marido, empregado e assim por diante.
- Fazer declarações claras com "Eu" sobre como você se sente e sobre o que pensa; por exemplo: "Eu me sinto irritado com seu..."
- Permitir-se cometer erros e reconhecer que cometer erros é normal.
- Mudar de ideia, se você quiser.
- Pedir um "tempo para pensar", como em "Eu gostaria de pensar sobre isso e depois volto a falar com você".
- Permitir-se desfrutar de seus sucessos, sentir-se satisfeito com o que fez e compartilhá-los com os outros.
- Pedir o que quiser, em vez de esperar que alguém vá perceber suas necessidades e desejos.
- Reconhecer que você não é responsável pelo comportamento de outras pessoas e só é responsável por suas próprias ações.
- Respeitar as outras pessoas e o direito delas de serem assertivas.

Se você conseguir pensar em quaisquer outras declarações, tire um momento agora para anotá-las.

Personificando sua depressão

Algumas pessoas entendem que enxergar sua depressão como uma entidade autônoma pode ser útil. Winston Churchill concordava com isso: chamava sua depressão de cachorro negro.

Separar-se de sua depressão lhe oferece um novo ângulo sobre a pergunta que sugeri que você faça a si mesmo na seção anterior, "Reconhecendo os pontos positivos": "Sou eu decidindo ou é o cachorro negro?". Como os donos e amantes de cães sabem, permitir que o animal conduza pode ser um desastre (é provável que você persiga um gato e vá parar dentro do rio barrento mais próximo). Em vez disso, domine o cão e seja o líder da matilha!

Conhecer seus direitos também é conhecer a importância do equilíbrio. Saber quando e onde exercer seus direitos é fundamental na negociação com outras pessoas. Olhe para a situação como um todo em tais casos e veja se você pode pegar sua fatia do bolo agora ou mais tarde.

Não fique com raiva das outras pessoas; fique com raiva da depressão.

Experimentando alguns segredos do ofício

Esta seção contém algumas técnicas para ajudar você a afirmar-se.

Asserção negativa

Na abordagem da *asserção negativa*, você concorda com um pingo de verdade para manter o canal de comunicação aberto, mas depois rapidamente vai ao ponto principal e usa o tempo para falar sobre o objetivo da reunião. É uma técnica excelente para lidar com críticas, e pode ser usado para efeito real.

Meu irmão declara: "Você está sempre atrasado quando eu preciso de você". Ele diz isso assim que entro pela porta, 45 minutos atrasado.

Tenho duas opções: posso escolher responder de uma forma inútil e negativa, ignorá-lo, e dizer-lhe para se calar, ou posso usar o útil método da asserção negativa, concordando com ele, e dizendo: "Sim, é verdade que estou atrasado hoje, mas não me atrasei ontem. Estou aqui agora, então vamos conversar...".

Disco arranhado

A técnica do *disco arranhado* consiste em simplesmente dizer a mesma coisa repetidas vezes até que a outra pessoa ouça. Essa abordagem é útil quando se lida com pessoas agressivas que se recusam a ouvir.

Tom diz, "Estou um pouco sem grana essa semana, pode me emprestar R$ 20?"

Você responde: "Sinto muito. Também estou sem grana esta semana e não posso lhe emprestar dinheiro".

Tom diz: "Mas eu realmente preciso dele. Eu te emprestei dinheiro mês passado quando você precisou".

Você repete: "Sinto muito. Também estou sem grana esta semana e não posso lhe emprestar dinheiro".

Tom persiste: "Se você fosse um bom amigo, me emprestaria o dinheiro, caso contrário, não posso sair com minha namorada neste fim de semana".

Você diz de novo: "Sinto muito. Também estou sem grana esta semana e não posso lhe emprestar dinheiro".

Ao não se envolver nas discussões e nos protestos de Tom, e simplesmente repetir a sua asserção, você evita discussões e Tom rapidamente entende o recado.

Empregando o "Eu"

Use declarações com "Eu" ao discutir como você se sente sobre uma situação difícil. Se você diz: "Eu me sinto decepcionado com a forma como a prova terminou", você pode começar a conversa com outras pessoas, o que é muito mais produtivo que dizer: "Você me fez ir mal por causa de seu ronco", que não leva a uma conversa construtiva.

As pessoas realmente não podem argumentar com o modo como você se sente quando se utiliza o método do "Eu", mas elas *podem* argumentar se acusá-las; as muralhas defensivas se levantam e ninguém é ouvido.

DICA

Usar demandas é um modo certeiro de bater na muralha defensiva de outra pessoa. Dizer "você tem" ou "você deve" nunca é uma boa ideia durante uma negociação, porque você vai perder toda vez enquanto a outra pessoa não consegue ouvir.

Atraso de resposta

Atrasar a resposta é uma boa maneira de dar-lhe tempo para responder, proporcionando-lhe tempo para pensar sobre as opções e considerar a melhor. Atrasar sua resposta é particularmente útil quando você se sente pressionado a dar uma resposta imediata em vez de uma que seja significativa.

Algumas respostas típicas aqui incluem: "Posso pensar sobre isso?", "Quando posso discutir isso com você de novo?" e "Deixe comigo e eu volto a falar com você".

Ficando confortável ao comunicar-se

Quando se esforça para ser assertivo, você vai encontrar, com o tempo, seu próprio estilo e sua própria maneira de se comunicar — uma que reflita seus pontos fortes e traços de personalidade. Embora seu nível de confiança comece baixo, é certo que com a prática ele aumente.

LEMBRE-SE

A prática leva à permanência, portanto tente usar suas habilidades de assertividade recém-descobertas repetidas vezes. Você desenvolve confiança nas tarefas quando as pratica, ao mesmo tempo em que descobre e resolve problemas, e sente uma alegria crescente conforme sua confiança cresce.

Não atenda às necessidades do medo de ensaiar as coisas de novo e de novo! Basta dizer o que pensa de uma forma respeitosa e assertiva, e deixe que os outros assimilem o que você disse e respondam. Tente não imaginar como soa ou imaginar-se vendo a si mesmo do outro lado da sala, pois este autoescrutínio cria uma ansiedade desnecessária.

DICA

Para ajudar com a comunicação assertiva, tente o seguinte truque mnemônico, SIGA:

- Serenidade (com um pouco de humor)
- Interesse na outra pessoa
- Gentileza, sem ataque ou ameaça
- Aprove a outra pessoa sem julgá-la

Capítulo 9

Ter a Atenção Plena E Não a Mente Cheia: Desenvolvendo Sua Consciência

Neste Capítulo

- Apresentando-o à atenção plena
- Fortalecendo suas habilidades de atenção plena
- Combatendo exigências excessivas

Quer você se veja como uma pessoa observadora e consciente ou não, é provável que realize muitas atividades no piloto automático todo dia. Talvez, você já tenha tido aquela estranha experiência de dirigir ao longo de vários quilômetros e ainda assim não ser capaz de se lembrar de ter parado no sinal de trânsito, ou ter passado por carros estacionados e assim por diante. Muitas vezes, essa situação acontece porque sua mente está tão cheia de exigências, pressões e pensamentos confusos que você não tem espaço para estar consciente da realidade ao seu redor.

Esta experiência de piloto automático é uma das maneiras com as quais nosso cérebro tenta ser eficiente, ao não se concentrar em padrões familiares demais. Apesar de ser uma experiência normal para a maioria dos motoristas, e não ser realmente um problema neste contexto, funcionar no piloto automático pode ser prejudicial em sua vida cotidiana. A falta de consciência e os pensamentos obscuros associados a ela podem levá-lo a aceitar pensamentos e emoções negativos sem questioná-los, o que dificulta ainda mais que você lide com sua depressão.

Convertendo um cético

Apesar de algum ceticismo inicial de minha parte, a atenção plena tornou-se parte da minha própria prática de TCC. Para ser honesto, quando tive o primeiro contato com a atenção plena, achei que soava como um monte de velhas besteiras dos hippies, que pareciam contradizer muito do que aprendi como terapeuta de TCC. No entanto, a TCC diz respeito a manter uma mente aberta e analisar as provas. Então, fui a um workshop sobre atenção plena e comecei a analisar as provas.

Para minha surpresa, as provas rapidamente deixaram claro para mim que a atenção plena é uma forma eficaz de reduzir o estresse e tratar pensamentos incômodos ou angustiantes. Então, decidi dar-lhe uma chance e comecei eu mesmo a praticar meditações de atenção plena e a fazer experiências com algumas de suas técnicas. Meus pensamentos sobre esse assunto foram verdadeiramente consolidados quando fui cofacilitador em um grupo de atenção plena com um profissional experiente. Eu fiquei impressionado pelos resultados e feedbacks positivos das pessoas que participaram. Desde então, a atenção plena é uma parte importante da minha prática e já testemunhei a técnica ajudando muitos clientes a superarem seus problemas.

Não é preciso se preocupar, no entanto, porque, como descrevo neste capítulo, você pode aumentar sua consciência através de uma técnica de meditação chamada de *atenção plena*. O uso da atenção plena de uma estrutura de TCC está se mostrando muito popular e altamente eficaz em ajudar as pessoas a combaterem o estresse e a depressão e a encontrarem a paz interior.

Apesar de a atenção plena não ser para todos, dê uma chance a alguns dos exercícios deste capítulo e busque atingir a atenção plena, em vez de ter a "mente cheia" (se você ler o capítulo inteiro, espero que veja a diferença até o final).

Descobrindo o Mundo da Atenção Plena

Em essência, a *atenção plena* melhora sua autoconsciência e aceitação (eu discuto esta última no Capítulo 7), usando a meditação para observar como a mente lida com pensamentos, emoções, sensações e imagens difíceis. Com uma observação detalhada, você pode aumentar seu autoconhecimento, que por sua vez ajuda você a superar a depressão e pensamentos e crenças negativos. A atenção plena trata da mudança de sua reação e atitude em relação a pensamentos perturbadores; em outras palavras, você pode aprender a aceitar e permitir que os pensamentos angustiantes permaneçam lá, sem se envolver ou ficar aflito com eles.

Unindo a atenção plena à TCC

A TCC com base na atenção plena é uma combinação de três fatores:

- **Usar as técnicas de meditação budista e de atenção plena:** Estas disciplinas mentais mostram-lhe como acalmar sua mente e colocar-se em um estado relaxado.

  MITO DETONADO

  Embora a meditação possa ser relaxante, esse não é o objetivo final. Ficar relaxado é realmente uma maneira de ajudá-lo a desenvolver uma consciência de seu entorno e das atividades que você realiza.

- **Mostrar-lhe como obter mais controle sobre o que você escolhe pensar (ou não pensar):** Você descobre como tomar consciência do aqui e agora, em vez de se preocupar sobre o futuro ou pensar demais sobre o passado (um comportamento que muitas vezes alimenta a depressão, como descrevo no Capítulo 5). Ser capaz de controlar sua maneira de pensar é um modo incrivelmente poderoso de aliviar pensamentos incômodos e inúteis.

- **Assumir uma postura *metacognitiva*:** Isto significa simplesmente ser capaz de observar a si mesmo e os efeitos de diferentes pensamentos e reações emocionais, sem ser apanhado no ciclo de responder a eles. Em outras palavras, você descobre como tolerar pensamentos e emoções que antes criavam uma reação angustiante.

Conhecendo a meditação e a atenção plena

A atenção plena é uma forma de meditação, um processo de descoberta guiada. Você pode achar que não tem tempo para meditar, mas combater a depressão significa desenvolver uma relação com você mesmo, os outros e o mundo, e a reconhecer e aceitar onde você se encaixa. Além disso, a meditação é fácil e não precisa tomar muito tempo: vá para a seção "Realizando Atividades com a Atenção Plena", mais adiante, para ver vários exercícios e exemplos que todos podem experimentar.

A posição de Lótus é opcional!

Budistas do mundo todo praticam a atenção plena há 2.500 anos como um processo de crescentes consciência e compreensão da experiência humana. Os efeitos positivos alegados incentivaram cientistas a submeter a atenção plena a estudos científicos para analisar o quão útil é esta abordagem, e descobrir como ela funciona e o que ela faz exatamente à mente.

Visto desta forma analítica, a atenção plena deixou de ser parte de uma religião (você pode ter qualquer fé ou nenhuma para usar a atenção plena) para se tornar um método de autoajuda e descoberta que não requer treinamento médico ou psicológico. Em vez disso, a atenção plena aceita a condição humana e ajuda você a aceitar todas suas experiências, proporcionando-lhe a oportunidade de se tornar mais autoconsciente.

LEMBRE-SE

A evitação é um grande fator na depressão, por isso, se você evitar passar tempo examinando esses aspectos da atenção plena, é improvável que saiba como lidar com pensamentos e emoções depressivos quando eles surgirem.

Às vezes, a mente de todo mundo pode ficar cheia de inúteis pensamentos preocupantes e angustiantes, que podem tornar a vida opressiva. Mas, ao estar com a atenção plena e ao desacelerar para perceber seu entorno, você descobre como dar a si mesmo permissão para encontrar e desfrutar o lado positivo em sua vida. Desta forma, a atenção plena pode fornecer uma ótima maneira de lidar com todas as exigências concorrentes colocadas sobre você (confira mais adiante a seção "Abrindo Mão de Suas Exigências" para saber mais).

Realizando Atividades com a Atenção Plena

Seus sentidos são um de seus melhores recursos e nesta seção você começa a usá-los de um modo prático para se tornar mais consciente, mais atento e mais perceptivo. Se você mudar sua mente do piloto automático para o modo manual — como precisa fazer ao praticar a atenção plena — seus sentidos podem oferecer informações inestimáveis em sua batalha contra a depressão.

Quando você está no piloto automático, muitas vezes não dá valor ao fato de que consegue fazer um monte de coisas, mas o problema é que esta autoapreciação pode rapidamente ser jogada fora. Realizar coisas em uma agenda cheia pode fazer com que você se esqueça de ter tempo para si mesmo. Por exemplo, você não esperaria que seu filho e parceiro soubessem como você gosta que seus ovos estejam cozidos pela manhã, se nunca passou um tempo com eles. Programar os momentos em família anualmente não permite que você tenha esse nível de conhecimento, e o mesmo se aplica a você: é preciso prestar atenção para conhecer a pessoa mais importante em sua vida... Você!

A atenção plena envolve conhecer-*se* melhor. Depois que estabelece uma relação produtiva consigo mesmo, você também está em uma posição de cuidar de todos e de tudo o mais.

Tornando-se mais consciente

Quando realizo sessões de atenção plena, eu começo com um exercício de consciência que usa os cinco sentidos. Tudo de que você precisa são 10 minutos e uma uva-passa (essa não é uma frase que você lê todos os dias!).

Dê uma olhada nessas fases do exercício da uva-passa:

1. **Vendo**

   Coloque uma uva-passa sobre a palma da mão aberta. Olhe atentamente para ela. Realmente examine-a, tentando perceber sutis variações de cor: você pode ver vermelho, azul, roxo, verde, preto etc. em uma simples passa. Tente identificar qual extremidade tinha a haste, e perceba o que mais você puder ver.

2. **Cheirando**

   Leve a uva-passa até seu nariz e cheire-a longa e profundamente, ativando totalmente, seu sentido do olfato. Feche os olhos e deixe sua imaginação e sentidos correrem soltos. O que você consegue cheirar? O cheiro faz você se lembrar de quê? Alcaçuz, frutas, verão e a cozinha de sua avó são algumas respostas comuns.

3. **Ouvindo**

   Segure a uva-passa entre o polegar e o dedo indicador e traga-a para perto de seu ouvido, rolando a fruta entre os dedos. Aplique uma pressão suave enquanto isso e veja se você consegue ouvir os sons que a uva-passa faz, como cliques, espremidos, e assim por diante.

4. **Tocando**

   Feche os olhos e agora concentre sua atenção em sentir a uva-passa, gentilmente alisando, cutucando e apertando a passa. Passe os dedos sobre a parte externa, explorando sua textura, sentindo a resistência e o interior fluido. Você consegue sentir em qual extremidade estava a haste?

5. **Saboreando**

   Coloque a uva-passa em sua língua e deixe-a ficar aí. Concentre toda sua atenção no gosto. Até onde vai a sensação de gosto da uva-passa? Mova-a para diferentes partes de sua língua e observe as mudanças sutis no sabor. Morda a passa e se concentre no alcance do suco e do sabor dentro de sua boca. Depois de sentir isso por um momento, engula a passa. Você acabou de experimentar uma uva-passa de forma plena!

Com a prática, você pode descobrir que esse processo de concentração é uma maneira eficaz de trazer sua atenção para o momento presente, onde quer que esteja e independentemente do que estiver fazendo. Estar no presente é uma habilidade importante para ajudar no combate à depressão. A maioria das pessoas que está deprimida gasta muito de seu tempo preocupando-se com o futuro ou lamentando o passado, ambos os quais contribuem para a mentalidade depressiva. Quando você está tendo problemas com pensamentos intrusivos, inúteis ou angustiantes como estes, aprender a permanecer no presente não só lhe permite desfrutar mais do presente, mas também permite evitar o pensamento depressivo que poderia afetar seu humor.

Da mesma forma plena com que você experimentou uma uva-passa, tente outras atividades:

- **Escovar seus dentes:** Preste muita atenção em cada sensação conforme você move a escova por sua boca. Observe o que sua mente faz ao longo do processo. Diminua a velocidade e observe cada uma das reações, sensações, dos pensamentos e da imagem associados. Mergulhe totalmente na experiência.
- **Beber seu café ou chá:** Use cada sentido de cada vez e concentre toda sua atenção no que você pode ver, cheirar, ouvir, sentir e saborear.

- **Fazer tarefas domésticas ou lavar o carro:** Concentre sua atenção no que você está vivenciando.
- **Caminhar lentamente para o escritório:** Tire um tempo para si mesmo e olhe em volta. Alguns profissionais chamam isso de "*exercício do turista*". Use todos os sentidos para realmente sentir seu entorno como se fosse a primeira vez.

Pense em uma época em que você estava de férias e tirou milhares de fotos de, digamos, um piso de mosaico, e o dia parecia durar para sempre. É isso que acontece quando sua curiosidade está envolvida por uma coisa bonita ou por algo novo ou diferente. Seja um turista em seu trabalho, lazer, família, e assim por diante: use os sentidos da visão, audição, tato, paladar e olfato para se envolver profundamente, e veja o que acontece com seu humor.

Classifique seu humor em uma escala de 10 antes e depois de cada exercício, com zero para humor diminuído e 10 para euforia. Fazer isso fornece provas de como a atenção plena está funcionando (ou talvez não) para você.

Praticando a meditação de atenção plena

A meditação de atenção plena treina e disciplina sua mente, dando-lhe a capacidade de concentrar sua atenção no que é mais útil. Não tente fazer alguma coisa, e apenas esteja no momento, experimentando totalmente sua vida nele.

Exercício de varredura do corpo

O exercício de meditação de varredura do corpo tem muitos benefícios. Quando você está deprimido, muitas vezes negligencia seu corpo, pois está muito envolvido em seus pensamentos e sentimentos. Concentrar-se em seu corpo pode ajudá-lo a sair de sua mente, colocando-o em contato com o resto de suas experiências.

A meditação pode liberar as tensões emocionais armazenadas em seu corpo. Estas tensões podem levar a problemas físicos, tais como desconforto digestivo. Algumas pessoas acham que a meditação de atenção plena alivia doenças físicas que as perturbam há anos.

Siga estes passos:

1. **Deite-se ou sente-se no chão; feche os olhos e concentre-se em sua respiração.**

   Descreva mentalmente o que você percebe.

2. **Passe sua atenção para seu pé esquerdo, com um foco no dedão do pé. Então, como um scanner, use sua mente para se mover lentamente através do dedão e para e através de seus dedos menores.**

   Como sua mente responde à varredura lenta? Será que ela quer se mover mais rápido ou descartar a atividade? Lembre-se que você está observando sua mente, então relaxe e observe os pensamentos, emoções e assim por diante.

3. **Faça a varredura por seu tornozelo e, lentamente, passe por seu joelho.**

   Continue observando o tempo todo sem julgar; não há pensamento certo ou errado aqui, apenas uma experiência profunda.

4. **Passe do quadril para o peito, braço, pescoço, e assim por diante.**

   A varredura toda leva cerca de 40 minutos, e você termina no dedão do pé direito.

Investigue como sua mente encara e reage a dores, incômodos e irritações, e veja o que você pode aprender com a observação. Por exemplo, pense sobre sua atitude em relação a essas sensações corporais. Pergunte a si mesmo se você está com medo da dor ou aceitando-a, e se você acredita que não deveria sentir incômodos ou compreende que eles são uma parte normal da experiência humana. Se algo o irrita, questione se você pode mudar sua atitude para tornar isso menos irritante.

Observando com e sem críticas

A meditação a seguir pode ser realmente útil para que você possa ver como ter uma atitude crítica pode contribuir para sua depressão. Com a prática, você pode usá-la para melhorar suas habilidades de aceitação, permitindo-lhe ficar imune a irritações e decepções, em vez de deixar que essas coisas o deixem para baixo.

1. **Sente-se ou deite-se em uma posição confortável e feche os olhos.**

   Comece inspirando e expirando. Não se apresse e entre em um ritmo natural de respiração, e então use sua atenção para sentir como seu corpo está agora: o posicionamento de suas mãos, braços, tronco, nádegas, pernas e pés.

2. **Observe usando seus sentidos.**

   Comece com os sons que você consegue ouvir no quarto, mas sem julgá-los.

3. **Mova sua atenção para os sons fora do quarto.**

   O que você percebe? Descreva. Por exemplo, eu consigo ouvir o tique-taque de um relógio, portanto eu observaria e descreveria esse som.

4. **Faça a mesma coisa novamente, mas desta vez coloque uma crítica na experiência.**

   Eu consigo ouvir o tique-taque do relógio na sala. O som do tique-taque é irritante, e quero colocar o relógio em outro cômodo.

   Talvez as críticas que você faz e as atitudes e reações que tem estão contribuindo para sua depressão. Pergunte o que sua mente faz com essas críticas. Será que ela as impele para frente, dominando seu pensamento e afetando seu humor, ou você consegue bloqueá-las para que elas não afetem você de forma alguma?

   Quando você observa a mente desta forma, pode encontrar algumas respostas. Talvez o piloto automático pule direto para o modo de crítica e cometa um assalto, roubando sua alegria e sensação de contentamento.

Experimente agora desligar o piloto automático e desenvolver uma *mente antiaderente* — uma atitude mental que não deixa atitudes inúteis e incômodas afetarem e grudarem em seu humor. Em outras palavras, aprenda a ter uma atitude de aceitação pacífica ao ser confrontado com algo sobre o qual você não tem controle.

5. **Passe sua atenção para seus pensamentos. O que você percebe?**

   Talvez a mente tente bloquear seus pensamentos e imagens ou deixe-os ir e vir. A mente sempre faz algo com pensamentos, e você quer descobrir o quê.

Em seguida, passe alguns minutos em cada uma das etapas restantes do exercício. Use-as para descobrir suas atitudes pessoais em relação a seus sentimentos e pensamentos e pense sobre como essas atitudes afetam seu humor.

6. **Volte a sua atenção para seus sentimentos e veja como sua mente reage ao processá-los.**

   Seus sentimentos vêm como ondas, indo e voltando, ou sua mente está calma? Mais uma vez, observe o que sua mente faz com esse sentimento.

   LEMBRE-SE

   Você não tem que reagir ou agir com base no sentimento ou pensamento. Você está apenas observando. Alguns sentimentos podem ser intensos e levar a um desejo de fugir ou evitá-los, mas não tente isso; a meditação de atenção plena não é uma batalha. Apenas vá mais devagar e tente observar esses sentimentos e os pensamentos que os causam.

7. **Aceite e observe estes pensamentos e sentimentos.**

   Torne-se interessado na relação entre estes pensamentos e sentimentos e sua própria atitude e reação a ela. Quanto tempo esses pensamentos e sentimentos duram se você apenas observá-los, sem fazer nada em resposta a eles; não os evitando, mas em vez disso, aceitando-os e tolerando-os?

Quando você tiver concluído este exercício, tome nota do que aprendeu com ele. Você pode então consultar suas anotações e utilizá-las como um lembrete das atitudes que deseja mudar. Lembre-se de que, na atenção plena, você está em busca de aceitação pacífica.

Exercício da hora do banho

Quando você estiver se sentindo angustiado, prepare um banho de imersão para fornecer os ingredientes para este exercício:

1. **Abra a torneira e observe a água enquanto a banheira enche.**

   Preparar um banho leva em torno de cinco a dez minutos. Conscientemente, note o que você sente enquanto observa: o cheiro da espuma de banho (se você estiver usando), a espuma se formando, o calor da água e o vapor se intensificando no banheiro.

2. **Passe algum tempo se acalmando e descrevendo o que você percebe de forma detalhada.**

   Essa etapa fornece um valioso botão de pausa, que lhe permite seguir uma rota alternativa, oposta àquela que você normalmente segue.

3. **Entre na banheira, sente e relaxe.**

   Realmente sinta, de forma plena, o prazer de um banho quente.

Este exercício pode ser poderoso para acrescentar à sua vida a consciência do prazer, o qual você muito provavelmente não tem notado desde que ficou deprimido.

Exercício da ação oposta

Projetei o exercício a seguir para ajudá-lo a usar uma abordagem mais plena em relação a suas reações habituais aos pensamentos angustiantes. Usando este exercício para se concentrar no que seu corpo faz em resposta a esses pensamentos e efetuando, mudanças em relação a essas respostas, você pode se perceber mais capaz de assumir uma postura plena e receptiva que é menos angustiante.

Feche os olhos e encontre um lugar confortável para sentar ou deitar. Não, espere: faça isso ao contrário! Ok, agora siga estes passos:

1. **Concentre sua atenção na sua respiração.**

   Observe que a inspiração faz seu peito subir, e a cada expiração seu peito desce.

2. **Passe um tempo sem nenhum foco em particular; apenas "seja".**

   Nesses momentos, pensamentos estressantes que você ache difícil de controlar podem aparecer sorrateiramente.

3. **O que você percebe quando esses pensamentos e imagens vêm à mente?**

   Você pode descobrir que expira em desespero e, talvez, em resignação.

4. **Experimente a ação oposta, e em vez de expirar, inspire para reagir à tensão.**

   Faça assim a cada vez que você sentir o desejo de expirar.

Quando tiver praticado este exercício e desenvolvido a habilidade, você pode usá-lo a qualquer momento em que os pensamentos ou sentimentos perturbadores vierem à mente.

Abrindo Mão das Exigências

Abrir mão das exigências não significa abrir mão de um padrão que lhe é caro, mas em vez disso, o processo ajuda você a abordar aquele padrão de um modo diferente. Boa notícia para todos os perfeccionistas que estão por aí!

As pessoas colocam muitos tipos de exigências sobre si mesmos e sobre os outros. Por exemplo, exigir aprovação e sucesso — ser incluído, aceito e amado — pode ter um impacto negativo em sua vida. Se você exige ser amado, está limitando drasticamente sua vida; o amor não está sujeito a exigências; ele se resume ao bom e velho livre-arbítrio. Você não pode forçar uma pessoa a amá-lo.

Você pode exigir nunca sentir ansiedade de novo, mas isso vai realmente acontecer? Afinal, a ansiedade pode ser útil em determinadas situações e avisá-lo do perigo. A coisa mais previsível sobre a vida é que ela é imprevisível! A atenção plena ajuda você a aceitar as emoções que sente e a apenas observar seus efeitos.

As exigências emocionais podem se aproximar lentamente de você, mas a atenção plena ajuda-o a abrir mão e tentar algo novo. Lutar contra suas emoções não é útil, e quando você as teme, fica ansioso por ficar ansioso ou deprimido por estar deprimido.

Sílvia preferiria que sua mãe a amasse, mas a ausência desse amor não significa que Sílvia fosse indigna de ser amada. Isso só mostra que sua mãe é incapaz de amar outras pessoas, e esta consciência ajuda Sílvia a aceitar a situação. Ela busca equilibrar a crença inútil de "Eu devo ser amada por minha mãe", com "Se não sou amada, isso não quer dizer que eu seja indigna de amor ou desagradável como pessoa". Ela analisa estas duas opções através da meditação de atenção plena (de acordo com a seção anterior "Praticando a meditação de atenção plena") e observa como a mente reage e lida com o confronto entre crenças úteis e inúteis.

A atenção plena permite que você simplesmente descanse e observe esses tipos de emoções. Como resultado, você pode estar em paz com toda a gama de emoções comuns à experiência humana.

Procure por alguma aula de atenção plena em sua região e pratique-a diariamente. Ou compre uma cópia do *Mindfulness For Dummies*, de Shamash Alidina (Wiley) e descubra mais.

Parte III

Mantendo o Embalo

A 5ª Onda Por Rich Tennant

©RICHTENNANT
Eu acho que é muito importante você aprender a levantar-se dessa depressão.

Nesta parte...

Você descobre como manter seu progresso e construir um estilo de vida feliz e satisfatório para substituir a vida infeliz de depressão. Também lhe mostro como evitar uma recaída da próxima vez que as coisas derem errado, ao reconhecer os primeiros sinais de alerta e ter um plano pronto. Como resultado disso, você pode sentir-se confiante de que pode lidar com o que quer que a vida lhe apresente, sem recaídas.

Capítulo 10

Descobrindo Seu Novo e Saudável Eu

Neste Capítulo

- Percebendo seus ganhos positivos
- Valorizando e cultivando os relacionamentos

Imagine ser um especialista em demolição que explode um prédio enorme, velho e horroroso, apenas para assistir com horror à medida que o prédio surge novamente dos escombros, como se o filme estivesse passando de trás pra frente: que desperdício de planejamento e esforço! A mesma coisa se aplica à sua depressão. Quando você conseguir derrubá-la, a última coisa que quererá será que os pensamentos e sentimentos negativos deem as caras novamente.

Reconhecer e descobrir como aproveitar seu progresso é uma parte importante na recuperação da depressão. Quando você já esteve deprimido, resvalar novamente nos padrões negativos de pensamentos e comportamento é muito fácil se você não mantiver um olhar atento sobre seu estilo de vida e mantiver seu progresso.

Quando você usa a terapia cognitivo-comportamental (TCC) e ela ajuda a melhorar o seu humor, e você começa a colocar sua vida de volta nos trilhos, reconheça esse progresso e comece a sentir positivo sobre o futuro. Neste capítulo, eu lhe mostro como reconhecer e manter a verdadeira realidade de seu novo e saudável eu, aquele em que você esteve trabalhando tão duro.

Desta forma, você não só constrói uma vida significativa e satisfatória que melhora o seu humor, felicidade e relacionamentos, mas também ajuda a prevenir a recaída e a aumentar sua resistência à depressão.

Desfrutando Seu Progresso

Um aspecto crucial de desfrutar seu progresso é reconhecer o quão longe você chegou.

Compare agora seu cronograma de atividades (veja o Capítulo 5 e o Apêndice) com sua avaliação de atividade inicial, e coloque suas unidades subjetivas de ansiedade relativas ao seu humor diário, ou SUDs (veja o Capítulo 1), ao lado das SUDs de quando você começou.

Talvez estar deprimido tenha impedido você de perceber naturalmente suas conquistas positivas. Ou talvez você sempre tenha sido alguém que nunca teve o hábito de perceber, desfrutar e apreciar as coisas em sua vida. De qualquer maneira, quando você está se recuperando da depressão, o desenvolvimento desta habilidade requer prática antes que comece a acontecer automaticamente como uma parte natural de seu processo de pensamento. Porém, o esforço vale a pena, pois reconhecer seu progresso funciona como uma vacina contra a depressão e ajuda você a manter sua visão da vida útil e equilibrada.

Uma maneira útil de sustentar uma mentalidade positiva é manter uma agenda de eventos positivos. Este diário é realmente uma simples lista diária de todas as coisas positivas que acontecem: eventos grandes e pequenos momentos. Eis alguns exemplos de coisas que podem trazer alegria à sua vida — se você permitir que elas o façam:

- Observe um sorriso, uma pintura ou a arquitetura de sua cidade.
- Desfrute um capítulo de sua novela, série de comédia ou drama preferidos ou uma música no rádio.
- Reconheça ter alcançado seus objetivos no trabalho.
- Tenha prazer em passar alguns minutos conversando com um amigo.

Procure pelas coisas boas da vida e você vai encontrá-las.

Cometendo erros para alcançar seus objetivos

Como um ser humano, você nunca vai fazer as coisas de forma 100% correta. O progresso é uma viagem com muitas lições a serem levadas em conta ao longo do caminho, então não deixe que um evento ou contratempo impeçam o seu progresso (o Capítulo 5 contém muitas informações sobre como corrigir seu pensamento a respeito de eventos negativos).

Dê uma olhada no modelo de progresso na Figura 10-1 e perceba como cometer erros e deparar-se com contratempos são muitas vezes aquelas coisas que o mantêm nos trilhos — se você aprender algo com eles e não desistir. Os momentos "Opa!" são a causa das necessárias mudanças de direção; sem cometer estes erros, você acabaria bem longe do caminho de seu objetivo planejado.

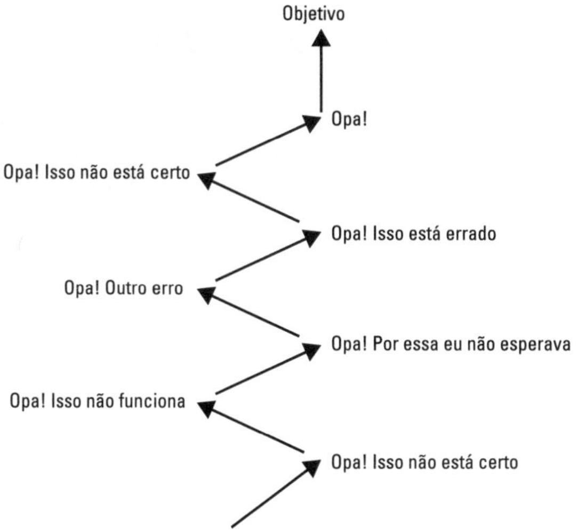

Figura 10-1: Modelo do progresso humano.

Então, dê a si mesmo permissão para cometer erros, entender mal ou até mesmo ter uma recaída, sem desistir. Se você não perder a esperança e continuar tentando, você chegará lá no final. Basta pensar o quão forte você se sentirá quando souber que derrotou sua depressão.

Perseguindo os aspectos positivos

Permita-se ter esperança em seu futuro. A depressão muitas vezes envolve a perda dessa esperança e a sensação que tudo se torna inútil. Resistir à tentação de cair nessa mentalidade é uma habilidade importante na superação da depressão.

Estabelecer metas pode ajudar nesse sentido. Escreva uma descrição de como você espera que sua vida seja em um período de, digamos, um ano, juntamente com uma lista do que precisa mudar para fazer com que suas metas aconteçam. Então pergunte a si mesmo: "O que posso fazer hoje para deixar esse objetivo um passo mais perto?" e comece a trabalhar no que for necessário.

Levar uma vida satisfatória diz respeito a trabalhar em direção a seus objetivos e não atingi-los todos. A viagem é mais importante do que o destino, por isso, não deixe a negatividade se infiltrar.

Redescobrindo Relacionamentos

Um dos aspectos mais gratificantes e agradáveis da experiência humana é relacionar-se com outras pessoas. Sentir-se aceito, querido e que você se adapta e pertence a algo são aspectos importantes de seu eu saudável.

Durante o tempo em que esteve deprimido, você provavelmente negligenciou alguns de seus relacionamentos. Se assim for, agora é a hora de se reconectar com as pessoas em sua vida e começar a valorizar e cultivar os relacionamentos, sejam grandes ou pequenos. Do amor de sua vida até a pessoa que lhe serve no café local, todos os diversos níveis de seus relacionamentos são valiosos, importantes e podem melhorar a qualidade de sua vida, se você permitir que eles o façam.

Aqui estão algumas coisas que você pode tentar para ajudá-lo a redescobrir seus relacionamentos. Pesquisas mostram que você pode ter que tentar essas coisas várias vezes antes de sentir os benefícios; portanto, não desista, persevere e você vai descobrir que eles realmente fazem a diferença.

EXPERIMENTE

1. **Faça uma lista de todas as pessoas que você encontra em um dia.** Desde a família, vizinhos e colegas de trabalho até as pessoas com quem você enfrenta uma fila ou aguarda em uma sala de espera.

2. **Pergunte a si mesmo o que você pode fazer para melhorar a qualidade de cada relacionamento.** Com estranhos, pode ser apenas dar um sorriso ou cumprimentar, enquanto que com amigos mais próximos e familiares pode ser preciso mais esforço.

DICA

Se você não tiver confiança ou habilidade em interações sociais, procure por pessoas que o fazem bem e copie-as. Torne-se interessado em todos que você encontrar e faça o esforço de se lembrar dos nomes das pessoas e use-os quando conversar.

Aqui estão mais algumas dicas para melhorar e manter seus relacionamentos:

- Pratique e desenvolva suas habilidades de escuta para ser um ouvinte melhor (veja o Capítulo 8).
- Trabalhe em seu senso de humor para que seja mais divertido conviver com você, e não leve a vida tão a sério.
- Comporte-se de uma maneira mais amigável para se tornar um amigo melhor (veja o Capítulo 6).

Faça um esforço real com os relacionamentos importantes de sua vida para se tornar um cônjuge, pai, irmão ou filho amoroso. Muitos destes relacionamentos podem ter sido prejudicados por sua depressão. Agora que você está se recuperando, para reconstruir seus relacionamentos:

- Aumente sua comunicação. (Veja o Capítulo 8.)
- Seja honesto e interesse-se por como as pessoas estão se sentindo. (Veja o Capítulo 6.)
- Não se ofenda ou interrompa rapidamente para se justificar quando as pessoas forem críticas. Em vez disso, tente entender seus pontos de vista e pergunte a si mesmo por que elas veem o mundo dessa forma. (Veja o Capítulo 8.)

- Mostre que você está disposto a considerar os pontos de vista das pessoas, e reconheça o direito delas de sentirem como se sentem. Você não tem que concordar com elas, mas compreender seus pontos de vista ajuda a melhorar seu relacionamento com elas. (Veja o Capítulo 8.)

Ao tomar essas medidas e fazer um esforço para restabelecer os relacionamentos que você negligenciou devido à sua depressão, você pode trabalhar para reparar os danos que a depressão pode ter causado em sua vida.

Tente ser honesto com aquelas pessoas em sua vida com as quais você se preocupa. Às vezes, pode ser preciso um pedido de desculpas; tente não se esquivar disso. Se você acha que negligenciou alguém ou tratou mal uma pessoa de alguma forma, um pedido de desculpas é um grande começo para reparar seu relacionamento.

Normalmente, uma abordagem honesta e amigável junto com um desejo genuíno de entender e aceitar as pessoas funciona para melhorar as relações, embora sejam necessárias duas pessoas para fazer um relacionamento funcionar. Infelizmente, às vezes nem todo familiar ou pessoa importante em sua vida está disposto ou apto a se envolver com você, não importa o quanto você queira. Pode ser muito difícil lidar com isso.

Se você se encontra nesta situação com um de seus relacionamentos, então pelo menos você pode ficar contente por ter feito a coisa certa e tentado tudo que podia para fazer as pazes. Permita-se ficar triste e até mesmo lamentar pelo que perdeu. Deixe claro para a pessoa que você quer, e está dispostoa trabalhar na melhora de seu relacionamento, mas aceite e respeite o direito dela, se ela não quiser isso. Então siga em frente. Concentre-se nos relacionamentos que você tem e na construção de novos, e esteja preparado para dar a si mesmo tempo para se adequar à sua perda.

A tristeza é uma reação adequada, normal e saudável quando um relacionamento termina, portanto não a confunda com a depressão.

Capítulo 11

Reduzindo o Risco de Recaídas

Neste Capítulo

- Identificando suas vulnerabilidades
- Alterando o comportamento para prevenir a recaída
- Reunindo apoio

Quando você chega a uma posição em que tem sua depressão sob controle, a última coisa que quer é que todo o extenso trabalho e esforço sejam desfeitos. Portanto, este capítulo ajuda você a evitar uma recaída, estabelecendo um plano de prevenção. Reconhecer a probabilidade de dificuldades no futuro e elaborar um plano de ação para evitar que elas causem uma recaída ajudam-no a sentir-se confiante de que, não importa o que o futuro reserve, você está pronto.

Você aprenderá a identificar as *zonas de perigo* — aquelas situações ou circunstâncias que se conectam com as áreas sensíveis nas quais você continua a ser vulnerável. Estar ciente desta possibilidade capacita você a manter o olho aberto para alertas prematuros e a tomar medidas imediatas para evitar ficar deprimido novamente. Também descrevo como amigos e familiares podem apoiá-lo neste processo e fornecer uma ajuda crucial. Fazer bom uso de redes de apoio é uma parte valiosa do seu plano de prevenção de recaídas.

Descobrindo as Zonas de Perigo

A vida nunca é perfeita e ela dá um jeito de atrapalhar os planos logo quando as coisas estão indo bem. Ao se recuperar da depressão, você precisa estar ciente dos riscos de recaída, detectando os sinais de perigo e levando em consideração o modo como você responde a eles. Esperar contratempos e ter um plano para lidar com eles (como eu discuto mais tarde, na seção "Planejando a Prevenção") é vital na prevenção da recaída.

Ter objetivos claros e um plano de trabalho para alcançá-los é essencial, mas igualmente importantes são sua atitude e expectativas de seu progresso. É certo que você vai encontrar obstáculos inesperados. O segredo é esperar por eles e não deixar que eles minem sua confiança ou progresso.

Dê uma olhada no modelo do progresso humano no Capítulo 10. Observe como seus momentos "Opa!" corrigem seu progresso e mantêm-no nos trilhos. Portanto, não tenha medo de cometer erros ou entender algo errado; é assim que os seres humanos se tornam pessoas instruídas e progridem. Em vez de temer os contratempos, seja amigo deles e compreenda que cada contratempo ajuda a reconhecer algo que lhe permite chegar um passo mais perto de alcançar seus objetivos.

Você provavelmente já tem uma boa ideia de quais foram as questões relevantes em sua depressão (se você não tiver certeza, dê uma olhada em seu registro diário de pensamentos (RDP; veja os Capítulos 3 e 4) e procure por temas comuns e situações desencadeadoras). Faça uma lista de gatilhos e tente prever situações futuras nas quais você pode encontrá-los. A chave aqui é esperar uma resposta emocional e ter um plano adequado para evitar que os gatilhos deem início a uma resposta depressiva.

Uma coisa que muitas vezes ajuda é dar uma olhada na forma como você lidava com esses gatilhos enquanto completava sua RDP — para perceber seus pensamentos racionais alternativos (PRAs; veja o Capítulo 4). Escreva o PRA para cada situação e guarde a lista para fornecer lembretes nas ocasiões em que essas questões surgirem.

Uma zona de perigo particularmente arriscada com a qual tomar cuidado é o comportamento inapropriado de evitação, em que você decide não fazer alguma coisa porque teme que irá deixá-lo desconfortável. Este desconforto pode ser qualquer emoção, desde ansiedade e tristeza à vergonha e culpa.

A evitação é um dos maiores problemas na depressão, porque todo mundo tende a querer evitar a dor e evitar enfrentar algo difícil. Parece tão óbvio: por que fazer algo, se é difícil, certo? Bom, por uma ótima razão: sua recuperação depende disso, e se não for resolvida, a evitação pode ser muito problemática no futuro. Por isso, eu digo: "Em vez disso, por que não tentar algo diferente e amadurecer?"

Como descrevo em outros capítulos (particularmente nos capítulos 2, 3, 6 e 9), a evitação tende a manter sua depressão, porque impede que você enfrente dificuldades e faça progresso ou aprenda com seus erros. No lugar disso, tente tornar-se consciente de seus desconfortos e use-os como oportunidades para superar os problemas, em vez de evitá-los.

Parafraseando Franklin D. Roosevelt, a única coisa que temos de evitar é a própria evitação!

Planejando a Prevenção

O apoio de que você precisa pode vir em várias formas, especialmente de outras pessoas (como abordado na seção "Convocando as Tropas de Apoio", mais adiante). Mas ao preparar um plano de ação para ajudar a prevenir recaídas, você oferece a si mesmo um apoio fundamental, porque seu plano lhe dá aquela confiança essencial e porque você sabe que está preparado para lidar com quaisquer contratempos que possam surgir.

Um ótimo começo é usar este método de sinais:

1. **Identifique seu sinal ou gatilho para a depressão (confira a seção anterior "Descobrindo as Zonas de Perigo") e faça uma lista das cognições quentes que você encontrou durante seu trabalho de controle**

de sua depressão (veja os Capítulos 1 e 3). Isto lhe fornecerá os gatilhos mais prováveis.

Você pode se surpreender com quão frequentemente suas reações a esses sinais são inúteis e, de fato, contribuem para a manutenção de sua depressão.

2. **Reconheça como você normalmente reage quando se depara com esse sinal.** Em outras palavras, o que você costumava fazer e que não funcionava? E o que você aprendeu a fazer que funciona melhor?
3. **Decida fazer algo diferente.** Pense sobre sua *ideia para a vida* — um valor ou desejo que ofereça um mapa de como você quer viver sua vida (por exemplo, se a ideia para a vida é ser visto como um pai amoroso, pergunte-se o que você deve fazer para que isso aconteça).
4. **Coloque seu plano em ação.** Apenas ter um plano não é suficiente: você precisa colocá-lo em prática. Pergunte a si mesmo o que você pode fazer hoje como um primeiro passo — e faça-o.

Embora às vezes possa parecer reconfortante, repetir um comportamento que anteriormente agravou sua depressão não é reconfortante. Como qualquer pessoa com depressão sabe, não há nada de confortável em prolongar a depressão.

Dê uma olhada no exemplo a seguir, no qual Carla passa por quatro estágios:

1. **Sinal.** Carla se aproxima da porta da frente e, na hora de colocar a chave na fechadura, tem um sentimento de apreensão. Ela pensa: "Lá vamos nós de novo". Esse pensamento e o sentimento associado de apreensão é o seu sinal.
2. **Reação normal.** Carla entra em seu apartamento e fica tentada a fazer o que tem feito todos os dias durante os últimos seis meses: afundar-se no sofá para assistir TV durante toda a noite. Mas ela lembra que tem a opção de tomar um outro caminho. Sua ideia para a vida é ser lembrada como a antiga Carla pré-depressão (antes do divórcio), que era

espontânea e despreocupada, com amor para dar aos outros como uma mulher por seus próprios méritos.

3. **Algo diferente.** Ir para o sofá a afastaria de sua ideia para a vida. Em vez disso, ela decide ir para a cozinha e preparar uma xícara de chá.

4. **Ação.** Ao seguir essa escolha de se comportar de maneira diferente, ela dá início a uma reação em cadeia que a leva a lavar alguns pratos e tomar um banho. Essas atividades fazem com que ela se sinta como a antiga Carla, e podem potencialmente fazê-la seguir em frente e evitar uma recaída.

Portanto, ocupe-se de identificar suas próprias situações desencadeadoras e decida fazer algo diferente da próxima vez que você se deparar com uma delas. Avalie seu humor antes e após a atividade (como eu descrevo no Capítulo 6), porque isso pode ser um motivador para seguir em frente.

LEMBRE-SE

Se você quer que sua vida seja diferente, tem de começar fazendo coisas diferentes. Se você quer que sua vida melhore, precisa começar melhorando o que faz.

Convocando as Tropas de Apoio

Todo mundo precisa de suporte, não apenas aqueles que estão sofrendo de depressão, mas quando se está alerta em busca de sinais de recaída, vários pares de olhos certamente são melhores do que um só, e os relacionamentos precisam ser o foco deste suporte. Os amigos e familiares podem ser um apoio muito útil para você — especialmente nas fases iniciais de sua recuperação.

Mantenha uma atitude flexível e aceite você mesmo e os outros: a vida é cheia de coisas boas e más, e você decide como reagir aos eventos. Se você escolher acreditar que o mundo está cheio de pessoas egoístas as quais estão apenas à espera de uma oportunidade para se aproveitar de você — ou para provocar, ridicularizar ou falar de você por suas costas —, pode encontrar uma grande quantidade de provas para dar suporte a este ponto de vista. Mas, igualmente, se você escolher acreditar que o mundo está cheio de pessoas interessantes e atenciosas que adorariam uma oportunidade de serem suas amigas e ajudá-lo sempre que podem, você pode encontrar um monte de provas para dar suporte a este ponto de vista também.

Pergunte a si mesmo qual crença faz você se sentir melhor e vai ser útil para motivá-lo e para tornar sua vida mais feliz.

Para ajudar, você pode usar o *método do obituário*. Esse método envolve perguntar a si mesmo o que você quer que seu obituário diga sobre você. Reserve algum tempo para considerar aquelas pessoas com as quais você se preocupa em situações diferentes: os membros da família, cônjuge, irmãos, filhos, pais, colegas de trabalho, amigos, vizinhos e assim por diante. Que tipo de opinião você gostaria que eles tivessem de você? Em seguida, comece a viver sua vida de uma forma que dê a eles a opinião desejada.

Não se envergonhe de sua depressão. Seja honesto com as pessoas nas quais confia e não seja orgulhoso demais para pedir ou aceitar o apoio ou ajuda delas. Ao deixar alguém ajudá-lo, você está lhes dando a oportunidade de fazer algo positivo e uma razão para se sentirem bem consigo mesmas.

Eis algumas dicas para ajudar com os relacionamentos neste contexto:

- **Não culpe os outros por sua situação.** Você é o único que tem de lidar com sua depressão. Pergunte a si mesmo se outras pessoas estão afligindo você ou se são seus pensamentos sobre elas que afligem você.
- **Encontre algo de que você gosta em todos que conhece.** Ser crítico e procurar pelas falhas em outras pessoas só o deixa triste. Você pode se sentir muito mais feliz sendo o tipo de pessoa que vê as coisas boas nos outros.
- **Trabalhe para tolerar sua própria frustração.** Se você tem baixa tolerância a seus próprios níveis de frustração, pode ficar estressado e exigir saber exatamente o que está acontecendo antes de dar qualquer passo.

Em vez disso, desenvolva uma alta tolerância a seus próprios níveis de frustração, porque isso o ajuda não a exigir perfeição, mas a seguir com o que sabe agora e arriscar-se. Como resultado, você desenvolve um estado de bem-estar mental melhor (utilize as dicas de atenção plena do Capítulo 9 para ajudar a desenvolver tolerância à frustração).

- **Descubra como sacudir a poeira.** Todo mundo é falível e comete erros, mas tentar várias vezes é um grande privilégio do espírito humano. Então, quando você cair, levante-se e tente novamente. Além disso, se você permite que outros cometam erros, aceitar os próprios erros torna-se mais fácil também.
- **Todo mundo precisa de apoio.** Não tente ser uma ilha e ser autossuficiente; em vez disso, seja amigável com aqueles que o ajudam em diferentes áreas da vida. Ter amigos que conhecem as coisas boas e ruins a seu respeito é uma conquista inestimável. Lembre-se de que, para ter um amigo, você deve primeiro *ser* um amigo.
- **Desenvolva sua identidade.** Descubra o que o motiva, o que prende sua atenção e lhe dá prazer. Estas coisas são importantes para sua felicidade e a de outras pessoas. Saber do que você gosta e não gosta mostra uma honestidade que é valorizada nos relacionamentos.
- **Tente se divertir com você e com os outros.** Diversão é contagiante e atrai as outras pessoas para você. Caso contrário, as pessoas podem interpretar de forma errônea estados graves e retraídos e se afastarem. Em geral, as pessoas não querem se intrometer ou perturbar de propósito.

LEMBRE-SE

Como Peter Gabriel e Kate Bush cantam: "Não desista" ("Don't give up", no original). Usar a TCC para superar a depressão é uma jornada em que cada um anda em um ritmo diferente. Aceite o ritmo de seu progresso e continue usando o que você descobrir para continuar sua jornada pessoal para a felicidade.

[illegible]

Parte IV

A Parte dos Dez

A 5ª Onda Por Rich Tennant

"Normalmente, nada me deixa triste. Mas, ultimamente, só levantar da cama já tem sido difícil."

Nesta parte...

Você encontra dicas rápidas para mudar seu pensamento e sua vida. São dez conselhos essenciais para combater a depressão e dez formas de pensamento mórbido contra os quais se proteger.

Capítulo 12

Dez Dicas Para Combater a Depressão

Neste Capítulo

- Tratando-se melhor
- Apreciando as pequenas coisas
- Interrompendo o círculo vicioso do pensamento negativo

A depressão pode surgir de uma infinidade de causas e em várias situações, e se manifesta em diversos tipos de formas diferentes. No entanto, tomar algumas medidas comuns e fazer algumas mudanças básicas podem ajudar a quebrar o ciclo de pensamento negativo e ajudar a superar a depressão. Escolha uma das dicas a seguir para trabalhar por semana. Não se preocupe se você achar que é difícil no início; com a prática, eles todos ficam mais fáceis.

Desfrutando o Exercício Físico

Embora as evidências de pesquisas não sejam conclusivas, muitas pessoas acreditam que fazer exercícios pode ajudar a combater a depressão. A teoria diz que, quando você usa os estoques de glicose de seu corpo (cerca de 40 minutos de exercício para uma pessoa média), endorfinas são liberadas em seu cérebro. Estes "antidepressivos" naturais fazem você se sentir energizado, confiante e positivo.

Você não precisa ficar esgotado ao se exercitar — um exercício moderado é suficiente. Experimente uma rápida caminhada ou uma natação suave. A chave para este processo é manter o esforço moderado por um período prolongado de tempo (isto é, ao longo de 40 minutos).

Sendo Gentil Consigo Mesmo

Quando você está deprimido, a tentação é se criticar e, geralmente, se odiar. Os efeitos emocionais deste diálogo interno negativo são exatamente os mesmos de alguém que o estivesse seguindo por aí, dizendo essas coisas para você o dia todo. Basta imaginar o quão terrível seria (erros de pensamento são discutidos no Capítulo 3). Portanto, esforce-se para reconhecer quando você não está sendo gentil consigo mesmo e pare. Confira o Capítulo 7 para saber mais sobre como melhorar sua autoestima.

Derrotar a depressão significa que você tem que parar de torturar a si mesmo! Tratar-se com respeito e compaixão ajuda-o a sentir-se mais positivo, enquanto a autocrítica só faz com que você se sinta pior. Seja gentil consigo mesmo e demonstre para si, a mesma consideração que demonstra às outras pessoas.

Orgulhando-se de Sua Aparência

Negligenciar sua higiene pessoal e aparência só lhe dá mais justificativas para se repreender. Comece a se orgulhar de sua aparência e você vai começar a se sentir melhor sobre si mesmo. Eu não quero dizer que você deve se olhar ardentemente no espelho todas as manhãs, como algumas rainhas malvadas de contos de fadas, admirando seu esplendor! Basta investir um pouco de tempo em sua aparência para ajudar a melhorar sua autoconfiança.

Quando você negligencia sua aparência, isso pode ter um efeito nocivo sobre sua autoconfiança e diminuir sua motivação — portanto, não deixe que isso aconteça com você. Vista-se de uma maneira que faça você se sentir bem. Preste atenção à sua aparência pessoal de modo que, quando encontrar alguém inesperadamente, você não fique se encolhendo e pensando: "O que eles devem pensar de mim? Eu estou um desastre". Em vez disso, orgulhe-se de sua aparência a cada dia e dê uma força para sua autoestima.

Conservando Seu Ambiente

Você não precisa chegar ao ponto de ter restos de comida mordidos por ratos sobre as bancadas da cozinha: apenas olhar para sua casa bagunçada pode fazer com que você sinta vergonha de alguém vê-la assim.

Como resultado disso, você não convida mais seus amigos, torna-se mais isolado, e se sente mais deprimido.

Em vez disso, tome conta de seu lugar e dê a si mesmo algo do qual se orgulhar. Ao se livrar daquelas pilhas de louça suja na pia, você também ajuda a remover aquela pilha de autocríticas deprimentes de sua mente.

Sua casa é um reflexo de você, por isso orgulhe-se dela e faça um esforço para deixá-la com boa aparência. Isso o ajudará a começar a sentir-se bem.

Mantendo Contato

Quando você está se sentindo deprimido, você quer evitar companhia e tende a se retirar para seu próprio mundo de negatividade. No entanto, isso só faz você se sentir pior. Então, faça um esforço para manter contato com os amigos; se você perdeu o contato com amigos antigos, tente entrar em contato novamente. Não deixe que dúvidas ou pensamentos de que eles não vão receber bem seu contato desmotivem-no. Você não vai saber como as pessoas vão reagir até que você tente. A maioria das pessoas acha que ganhou uma surpresa agradável. Afinal, se eles são seus amigos, então provavelmente terão sentido saudades e receberão bem seu contato. Você pode até mesmo sair e fazer novos amigos. Vá ao Capítulo 6, onde este aspecto é analisado em detalhes.

LEMBRE-SE

Uma pessoa sábia disse uma vez: "Para ter um amigo, você deve primeiro ser um amigo", portanto, saia e seja amigável. Tente iniciar uma conversa enquanto espera em uma fila. Ou considere sorrir e cumprimentar aquelas pessoas que você encontra. Vizinhos, colegas de trabalho ou até mesmo estranhos em um café podem ajudar a fazê-lo se sentir bem, se você apenas se der ao trabalho de fazer um esforço para ser amigável.

Percebendo as Pequenas Coisas Prazerosas

Pessoas que sofrem de depressão muitas vezes gastam muito de seu tempo focando em como se sentem infelizes, percebendo qualquer coisa que pareça confirmar o quão desesperançosas são, e então buscando a menor evidência para sustentar este ponto de vista.

Para superar a depressão, você primeiro precisa quebrar este ciclo prejudicial de "raciocínio" negativo e restaurar um senso de perspectiva. Tente perceber as coisas prazerosas da vida: uma canção positiva no rádio, uma flor desabrochando, a lua cheia, e assim por diante. O Capítulo 9, sobre o desenvolvimento da atenção plena, contém mais dicas sobre esta área.

DICA

Faça uma lista de todas as coisas prazerosas com as quais você se depara durante o dia e use-a para se lembrar de que, embora as coisas pareçam sombrias, existem coisas bonitas em sua vida.

Um outro aspecto de ver o lado bom das coisas pequenas é também não se preocupar com as pequenas coisas irritantes. Esforce-se para ser mais relaxado a respeito de aborrecimentos de menor importância. Com a prática você pode conseguir isso.

DICA

Uma dica é observar o que irrita você e perguntar: "Dentro de seis meses, que importância isso vai ter?" Isso o ajuda a colocar as coisas em perspectiva.

Definindo Seu Problema de Forma Precisa

Anote seu problema o mais especificamente que puder, e pergunte a si mesmo o que você pode fazer hoje que vai deixá-lo um passo mais perto da superação dele. Se você não consegue pensar em nada, procure aconselhamento e ajuda. Tente perguntar a si mesmo: "Há alguém que conheço que seja realmente bom em lidar com este tipo de problema?", então faça o que eles fariam nesta situação.

Por exemplo, se você tem um problema para controlar seu trabalho doméstico, observe alguém que você conheça que seja realmente bom em manter as coisas arrumadas e veja como eles conseguem isso. Pergunte a si mesmo se essa pessoa é realmente tão diferente de você ou apenas se comporta de forma diferente. Você pode até mesmo pedir conselho para a pessoa. As pessoas adoram que peçam conselho para elas, pois mostra que você as respeita.

Tente perguntar a si mesmo como uma pessoa feliz e confiante lidaria com o problema, e então aja dessa forma.

Apreciando a Viagem

Tudo o que acontece em sua vida, agradável e desagradável, ajuda-o a compreender uma das lições da vida, seja ela difícil ou até mesmo um pouco assustadora. Então relaxe, tente procurar pela lição contida nos eventos, e permita-se apreciar o processo. Talvez até mesmo buscar um lado bom em tudo isso.

Por exemplo, se perder o ônibus e se atrasar para um compromisso, você pode se repreender e se preocupar com o que as pessoas com quem encontrará vão pensar de você. Alternativamente, você pode usar o evento para praticar lidar com situações embaraçosas, e fazer algo agradável com o tempo extra que você tem agora, enquanto espera pelo próximo ônibus. Afinal, como é que andar para cima e para baixo, se repreendendo e se preocupando vai ajudar as coisas?

Esforce-se para reconhecer e aceitar que os seres humanos devem vivenciar uma gama completa de emoções e situações que podem ser todas valorizadas. Até mesmo a tristeza pode ser apreciada, se você aceitar que ela lhe oferece uma compreensão sobre algo e permite que você veja que a vida tem muitas lições de todos os tipos guardadas para você.

Em todas as vidas, alguma chuva deve cair, e esta é apenas sua cota de chuva. Pode não parecer justo ou correto, mas a vida é aleatória, portanto todos têm de aceitar o que lhes é dado e aproveitar ao máximo.

Fazendo Algo Novo

Para tornar sua vida diferente, você tem de *fazer* algo diferente. Afinal, você não pode esperar que sua vida mude a menos que você faça alguma coisa para mudá-la.

Quando você está deprimido, geralmente descobre que repete hábitos desagradáveis negativos muitas vezes, como se não tivesse escolha sobre como você passa seu tempo. Dê uma olhada em sua vida e decida o que você quer que seja diferente, então comece a fazer o que é necessário para implementar as mudanças que deseja.

Decida fazer algo que você nunca fez antes. Na verdade, tente dar a si mesmo uma nova experiência a cada dia, ainda que pequena. Nunca se sabe, pode ser que você goste de algumas dessas atividades novas.

Dê uma olhada nos jornais, faculdades e bibliotecas de sua região para encontrar atividades ou clubes que você possa experimentar — e seja persistente. Evidências mostram que pode ser que você precise tentar uma nova atividade cinco ou seis vezes antes de realmente começar a gostar dela.

Fazendo Outra Pessoa Feliz

Uma das melhores maneiras de tornar-se feliz é fazer alguém feliz. Isso acontece porque muda seu foco: você deixa de olhar para dentro e sentir-se estranho e passa a olhar para fora e fazer algo de valor, que lhe dá uma razão para se sentir bem a respeito da experiência.

Então, em vez de concentrar-se em seu próprio humor, escolha alguém e decida fazer aquela pessoa feliz hoje. Não importa se é um parente próximo, alguém no trabalho ou uma ajudante na loja que você nunca viu antes: faça alguém feliz hoje. Ou, talvez pratique encontrar algo de bom em todo mundo que você encontrar hoje, e faça questão de elogiá-los. Você pode se surpreender com o quão melhor se sentirá.

Lembre-se, porém, que nem todo mundo se sente confortável com elogios e algumas pessoas podem interpretar mal suas motivações. Não deixe que isso o desanime, porque a maioria das pessoas responde positivamente. Apenas lembre que o objetivo é fazer algo de bom para alguém, sem esperar nada em troca além da alegria de trazer felicidade aos outros.

Capítulo 13

Dez Dicas Para Desafiar o Pensamento Distorcido

Neste Capítulo

- Recusando-se a imaginar o pior
- Combatendo o pensamento excessivamente emocional
- Evitando generalizações grosseiras

Quando você está deprimido, tende a adotar formas negativas e inúteis de pensar. Embora estes padrões *pareçam* ser corretos e racionais, na verdade eles são maneiras distorcidas de ver o mundo. Neste capítulo, descrevo dez erros de pensamento comuns, para que você possa reconhecê-los facilmente, e forneço também meios práticos para reagir a eles e desafiá-los.

Para mais informações sobre como identificar problemas de pensamento e mudar o modo como você pensa — em outras palavras, como substituir PANs (pensamentos automáticos negativos) por PRAs positivos (pensamentos racionais alternativos) — leia os capítulos 2, 3 e 4.

Evite a Catastrofização

Quando você está deprimido, seu pensamento pode tornar-se excessivamente focado no negativo. Quando isso acontece, você pode adquirir o hábito de reagir com exagero a aborrecimentos ou eventos de menor importância como se fossem grandes catástrofes — isso se chama *catastrofização*, ou chegar a pior conclusão. Como resultado, você precisa começar a desafiar seu pensamento.

Aqui estão algumas maneiras de desafiar o seu pensamento:

- **Investigue possibilidades alternativas que você pode estar ignorando.** Por exemplo, digamos que seu chefe lhe diga que fizeram uma queixa sobre você. Você pode chegar à conclusão precipitada de que seu chefe está irritado e está prestes a demiti-lo quando, na verdade, seu chefe poderia muito bem dizer apenas: "Algumas pessoas são tão exageradas."
- **Perceba quando você está fazendo ensaios negativos, nos quais você se imagina enfrentando o pior.** Pense em como este comportamento afeta negativamente seu humor. Por exemplo, digamos que você tem que fazer uma apresentação no trabalho. Você imagina tudo dando errado e todo mundo rindo de você, deixando-o nervoso na preparação para o evento. No dia, embora ninguém ria e a apresentação vá bem, você está ciente de que sem o ensaio negativo, você teria se saído muito melhor.
- **Trabalhe no desenvolvimento de um modo mais equilibrado e útil de pensar.** Por exemplo, se você se pegar catastrofizando, tente ir para o outro extremo e imagine o melhor que poderia acontecer. Então se contente com algo entre esses dois extremos.

Pense em Cinza, Não em Preto e Branco

Deixar de ver os tons de cinza na vida é muito fácil quando se está deprimido. Você pode se pegar pensando em preto e branco — se algo não é perfeito, ele deve ser um lixo total. Em vez disso, quando você estiver em uma situação, pense em um continuum, indo do pior até as melhores possibilidades e coloque o evento ou experiência nessa escala.

Se você está constantemente colocando situações na pior extremidade, pergunte-se se essa perspectiva é uma visão equilibrada da situação. Muito provavelmente você vai ter que reconhecer que tem uma visão exageradamente negativa. Ou talvez você só ache que tem padrões elevados. Tudo bem com os padrões elevados quando eles são realizáveis, mas ter padrões elevados irreais só faz você se sentir como um fracasso o tempo todo, porque eles são impossíveis de alcançar.

Tente fazer uma verificação da realidade em seus padrões e analise o que as outras pessoas consideram aceitável. Afinal, se você já está fazendo seu melhor, exigir ou esperar algo mais de si mesmo é injusto.

Evite as Generalizações

Quando você está deprimido, tende a ver os padrões negativos da vida ou a unir todas as experiências desagradáveis até que a vida pareça uma cadeia ininterrupta de eventos negativos. E você pode regularmente se pegar usando termos como *sempre* e *nunca* — supondo que, se algo negativo aconteceu uma vez, então é certo que sempre acontecerá desta forma.

Tente corrigir eventuais generalizações grosseiras. Relembre sua vida para ver se houve uma época em que você não pensava assim; e faça uma lista das coisas boas em sua vida. Algumas pessoas acham que é útil examinar cada dia, contando suas bênçãos. Se você achar que tem dificuldade para achar uma bênção, compare-se com alguém menos afortunado que você e veja se isso melhora sua perspectiva.

Quando você se pega dizendo *sempre* e *nunca*, procure exceções para provar que tal pensamento é irreal e injusto com você. Substitua o *sempre* e o *nunca* por *às vezes*, e veja se isso soa mais realista.

Resista à Leitura Mental

Você pode pensar que é capaz de dizer o que os outros pensam a seu respeito, mas nem sempre isso pode ser o caso. Por exemplo, imagine uma situação em que você começa um novo emprego em um lugar onde não conhece ninguém e se sente como um estranho. Você pode imaginar que todos se ressentem de você e veem-no como um intruso, e acredita que as outras pessoas são íntimas e se dão bem umas com as outras. Em tal situação, você pode ter dificuldade para acreditar se jamais seria bem-vindo neste grupo unido. No entanto, depois de algumas semanas com as pessoas sendo amigáveis com você, você começa a se sentir como parte da equipe, mas não sem antes ter dado a si mesmo semanas de sofrimento e preocupação desnecessários.

Se você se pegar imaginando que sabe o que os outros estão pensando, pergunte-se se geralmente é a pior interpretação possível que você está imaginando, porque esse pensamento é depressivo, distorcido e simplesmente errado. Em vez disso, examine quais as outras possibilidades existentes. Teste os seus pensamentos ao perguntar às pessoas o que elas estão pensando.

Deslique Seu Filtro Mental

A tendência de empregar seu *filtro mental* — ou seja, ignorar as coisas positivas e se concentrar apenas nas negativas — é uma experiência típica de quando você está deprimido. Quando faz isso em excesso, você não se dá oportunidade de reconhecer os aspectos positivos, ou mesmo de estar ciente deles.

Para combater sua depressão, torne-se ciente do efeito de seu filtro mental e passe tempo se concentrando nas coisas positivas da vida. Se você acha que não há nada de positivo em que se concentrar, pergunte a alguém o que eles acham. Você pode se surpreender como seu filtro mental pode deixá-lo cego.

Seja qual for a situação, busque qualquer aspecto positivo que você puder encontrar. Pode ser um clichê, mas procure pelo lado positivo. Faça uma lista de coisas positivas e negativas. Desta forma, você começa a reequilibrar seu pensamento e ver as coisas com mais precisão. Este exercício pode ser uma grande ajuda na superação de sua depressão.

Seja Racional

Muitas pessoas que sofrem de depressão cometem o erro de pensar que seus sentimentos depressivos refletem com precisão a realidade, pensando, por exemplo, que: "Eu me sinto inútil" significa "Eu devo *ser* inútil", ou que "Tudo parece sem esperança" significa, portanto, que "Não deve *haver* esperança", na realidade. Esta prática é chamada de *raciocínio emocional*, e pode ser uma das formas mais poderosas de manter seu humor deprimido (vá ao Capítulo 3 para obter mais informações sobre este assunto).

Para neutralizar esse raciocínio emocional e proporcionar uma sensação necessária de equilíbrio em sua vida, sente-se e lembre-se de uma época em que você não se sentiu assim. Recorde eventos ou situações passados em que você se sentiu bem e busque evidências de que você tinha razões válidas para se sentir assim.

Não Personalize os Eventos

Sentir como se você tivesse perdido uma camada protetora (talvez levando para o lado pessoal coisas que não tinham essa intenção, e muitas vezes culpando-se por coisas que estão além de seu controle) é outro jeito comum de manter sua depressão. Em particular, é importante reconhecer quando você está aceitando a responsabilidade por coisas que estão além de seu controle. Começar a adotar uma abordagem mais equilibrada e precisa em relação às responsabilidades pode ter um efeito muito benéfico em seu humor (eu discuto como discernir erros de juízo relativos à culpa no Capítulo 3, e como aumentar sua autoestima no Capítulo 7).

Pergunte a si mesmo, honestamente, se esta situação ou evento realmente é sua culpa; talvez mais alguém compartilhe a responsabilidade. Crie uma *pizza de culpa* (um gráfico de pizza onde você divide o círculo em segmentos de acordo com a quantidade de culpa que cada contribuidor ou fator contribuinte realmente tem) para o problema pelo qual você se sente responsável. Isso ajuda você a ver as coisas de uma forma mais precisa e menos depressiva, obriga você a colocar as coisas em perspectiva e pode ter um efeito profundo, minimizando seu sentimento de culpa ou fracasso, ajudando, assim, a combater a depressão.

Olhe para O Futuro para Combater o Pavor

Quando deprimido, muitas vezes você sente as coisas de forma mais intensa do que normalmente sentiria — especialmente as coisas negativas, prejudiciais ou dolorosas. Até mesmo a dor física pode ser intensificada pela depressão. Como resultado, você tende a prever que as coisas serão piores do que realmente são — um processo conhecido como pavor, o qual pode fazer com que a vida pareça insuportavelmente horrível. Por exemplo, você está apavorado quando diz a si mesmo que sua situação é insuportável, ou que você não pode fazer nada para melhorá-la.

Para contrabalançar seu pensamento, pense em como você pode se sentir sobre esta situação dentro de um mês ou de um ano: será que realmente ainda vai parecer tão horrível no futuro? Tente buscar outras possíveis reações à situação e escolha a melhor opção.

Pare de Comparar e Desesperar-se

Fazer isso é realmente ser injusto com você mesmo. *Comparar e desesperar* é um processo em que você olha para si mesmo em relação às suas falhas e fraquezas, e se compara com outras pessoas, olhando apenas para seus pontos fortes e habilidades. Por exemplo, digamos que você se compara desfavoravelmente com seu irmão, pensando: "Ele é muito mais bem-sucedido do que eu". Você justifica isso dando uma longa lista das conquistas de seu irmão e uma longa lista de seus próprios fracassos.

Para enfrentar suas comparações desfavoráveis, faça o oposto — prepare uma lista de defeitos e fracassos da outra pessoa e uma lista com suas próprias conquistas e sucessos. Você pode muito bem se surpreender com a maneira como a segunda lista faz com que você pareça muito melhor do que a outra pessoa, e seja capaz de ver a natureza injusta e inútil da comparação e do desespero.

Um sinal de que você está caindo na armadilha de comparar e desesperar é quando você se compara constantemente com as pessoas que são mais fortes, mais ricas ou mais bonitas que você. Essa atividade não leva a lugar nenhum! Essas pessoas existem para todos: até mesmo as pessoas incrivelmente ricas ouvem sobre alguém com ainda mais riqueza, e as pessoas bonitas que são admiradas em todo o mundo fitam com inveja aqueles com melhor cabelo, pele ou abdômen.

Recuse-se a entrar neste jogo e não se compare negativamente com outras pessoas. Em vez disso, procure ocasionalmente por coisas que você tem e que elas não têm. Talvez você seja mais inteligente ou tenha uma família mais incentivadora ou um emprego melhor. Muitas vezes, você está simplesmente escolhendo comparar seus pontos fracos com os pontos fortes delas, portanto, tente fazer o oposto um pouquinho.

Considere as Possibilidades Futuras

Você não pode ver o futuro, e quando sua mente parece estar lhe dizendo o contrário, é um indicativo de pensamento distorcido e depressivo. Então, quando confrontado com temores sobre o futuro, pergunte-se que outras possibilidades estão disponíveis. Além disso, pense em quantas vezes você previu algo negativo que nunca aconteceu. Confira o Capítulo 3 para mais informações sobre os efeitos danosos de se prever o futuro.

Obter outra perspectiva pode ser útil, por isso pergunte a outras pessoas o que elas consideram ser os possíveis futuros.

Apêndice

Neste apêndice estão alguns dos formulários aos quais me refiro em diversos capítulos do livro — e que podem ser úteis na luta contra sua depressão.

Formulário 1: Seu Registro Diário de Pensamentos (RDP)

A Tabela A-1 ajuda você a desafiar seu pensamento negativo e mudar o padrão de pensamento que mantém a depressão. Nas colunas individuais, liste sua situação, seus sentimentos e pensamentos, suas provas, seus erros de pensamento e pensamentos racionais alternativos (você pode encontrar explicações completas sobre estes termos no Capítulo 4):

Tabela A-1 Registro Diário de Pensamento Completo

Situação	*Sentimentos*	*Pensamentos*	*Provas*	*Erros de Pensamento*	*Pensamentos Racionais Alternativos (PRAs)*

Formulário 2: Sua Folha de Estilo de Vida Equilibrado

A Tabela A-2 ajuda você a combater a depressão ao capacitá-lo para identificar quão equilibrado seu estilo de vida é (ou não é) e quais elementos podem estar faltando para um estilo de vida saudável.

A cada dia, marque os elementos na coluna da esquerda que estão presentes. Então, veja quais elementos estão faltando e comece a ajustar essa situação.

Tabela A-2 Folha de Estilo de Vida Equilibrado

Elemento	*Segunda-feira*	*Terça-feira*	*Quarta-feira*	*Quinta-feira*	*Sexta-feira*	*Sábado*	*Domingo*
Dieta saudável							
Exercícios físicos							
Quantidade saudável de sono							
Trabalho ou atividades significativas							
Lazer — qualquer coisa divertida							
Descanso ou relaxamento							
Estímulo social; companhias							
Estímulo mental							
Atividades educativas, como ler							
Hobbies							
Estabelecimento de metas ou ambições							
Conquistas							

Formulário 3: Seu Gráfico de Prazer-Conquista

O gráfico na Tabela A-3 foi projetado para que você mantenha um registro de seu progresso. Apenas avalie cada atividade ou meta em uma escala de 1 a 10, em que 1 na coluna do prazer significa "prazer nenhum" e 1 na coluna da conquista significa "ainda nem comecei"; e 10 na coluna do prazer significa "diverti-me imensamente" e na coluna da conquista significa "completei a tarefa".

Lembre-se de que, quando você começa a ficar mais ativo, ainda pode ter dificuldades para aproveitar estas atividades. Fique aliviado, pois você *está* trabalhando para alcançar suas metas de equilibrar seu estilo de vida e o prazer retornará no devido tempo. É só não desistir.

Mantenha essa tabela para registrar e ajudar a reconhecer seu progresso.

Tabela A-3 Gráfico de Prazer-Conquista

Atividade ou Meta	*Prazer 1-10*	*Conquista 1-10*	*Comentários*

Formulário 4: Seu Formulário de Ideias para a Vida

Nesta seção, use a Tabela A-4 para ajudá-lo a decidir o que é importante para você e quais valores você defende (suas *ideias para a vida*, ou IPV). Priorizar desta maneira permite que você comece a viver sua vida de acordo com esses valores.

Tabela A-4 Formulário de Ideias para a Vida

Área	*Ideia para a Vida (IPV)*
1. **Intimidade** (O que é importante para você na maneira como age em um relacionamento íntimo? Que tipo de parceiro que você quer ser? Se você não está envolvido em um relacionamento no momento, como gostaria de agir em um relacionamento?)	
2. **Relações familiares** (O que é importante para você na maneira como deseja atuar em papéis como irmão, irmã, filho, filha, pai, mãe ou parente por afinidade? Se não está em contato com alguns deles, você gostaria de estar? E como agiria em tal relacionamento?)	
3. **Relações sociais** (O que é importante para você no modo como age nas amizades que tem? Como gostaria que seus amigos lembrassem de você? Se não tem amigos, gostaria de ter alguns e qual papel gostaria de ter em uma amizade?)	
4. **Trabalho** (O que é importante para você em seu trabalho? Que tipo de empregado quer ser? Quão importante é o que você conquista em sua carreira? Que tipo de negócio você quer ter?)	
5. **Educação e formação** (O que é importante para você na sua educação ou formação? Que tipo de estudante quer ser? Se você está estudando, gostaria de estar?)	

continua

Área	*Ideia para a Vida (IPV)*
6. **Diversão** (O que é importante para você em termos de atividades de lazer? Você tem algum interesse, hobby ou pratica algum esporte? Se não tem nenhum interesse, o que você, idealmente, gostaria de fazer?)	
7. **Espiritualidade** (Se você sente que é uma pessoa espiritualizada, o que é importante na maneira como quer seguir um caminho espiritual? Se você não sente isso, gostaria de sentir, e o que você quer idealmente em relação a um aspecto espiritual de sua vida: paz de espírito, relaxamento, satisfação?)	
8. **Trabalho voluntário** (O que você gostaria de fazer para a comunidade, por exemplo, trabalho voluntário ou caridade ou atividade política?)	
9. **Saúde/bem-estar físico** (O que é importante para você na maneira como age para manter sua saúde física?)	
10. **Saúde mental** (O que é importante para você, em geral, no modo como age no que diz respeito à sua saúde mental?)	
11. **Outras ideias para a vida** (Considere se quaisquer outras ideias para a vida que não estão listadas acima se aplicam a você, e especifique-as.)	

Formulário 5: Seu Registro de Dados Positivos

Usar a Tabela A-5 é uma boa maneira de estar em contato com as coisas que vão bem no dia a dia. Você pode facilmente deixar passar essas coisas quando está deprimido, mas manter um registro delas deste modo ajuda a conservar seus pensamentos e sentimentos equilibrados.

O aspecto mais importante de usar o formulário de forma eficaz é a última coluna, a qual pede que você pense sobre o que faria de modo diferente como resultado desses dados. Passe um tempo pensando sobre isso e comece a implementar mudanças para melhorar sua vida de acordo com essas experiências positivas.

Tabela A-5 Registro de Dados Positivos

Situação	*O que aconteceu*	*Sentimentos positivos sobre isso*	*Pensamentos positivos sobre isso*	*O que você poderia fazer diferente como resultado*

Índice

Símbolos

• *A* •

• B •

• C •

• F •

• G •

• H •

• I •

• O •

• P •

Sobre os autores

Brian Thomson formou-se originalmente em Terapia Cognitivo--Comportamental (TCC) em 1992. Trabalhou no Serviço Nacional de Saúde por muitos anos, antes de se unir à equipe da Universidade de Hertfordshire como professor adjunto. Atualmente, é diretor de curso do programa de mestrado em TCC, formando alunos para que se tornem terapeutas cognitivo-comportamentais credenciados. Brian também mantém um pequeno consultório particular em Huntingdon, Cambridgeshire, onde trata pacientes com uma variedade de problemas comuns de saúde mental.

Matt Broadway-Horner é terapeuta cognitivo-comportamental que trabalha no escritório central londrino de TCC, na City Clinics, e também na clínica St. Albans. Anteriormente, trabalhou no Hospital Priory, no Norte de Londres. Matt leciona e supervisiona um curso de mestrado em TCC e é especialista no tratamento de problemas de ansiedade, depressão e trauma.

Agradecimentos dos Autores

Gostaria de agradecer à equipe da Wiley, sem os quais este livro não teria sido possível. Em particular, gostaria de agradecer a Kerry e Steve, que me guiaram através do processo, por seu apoio, paciência e incentivo. Também gostaria de agradecer a Andy Finch e Carrie Burchfield por suas esplêndidas sugestões para melhorias e por perceberem meus erros. Todos eles melhoraram este livro tremendamente. Foi um prazer trabalhar com uma equipe tão profissional e incentivadora.

Brian Thomson

Conheça outros livros da série PARA LEIGOS®

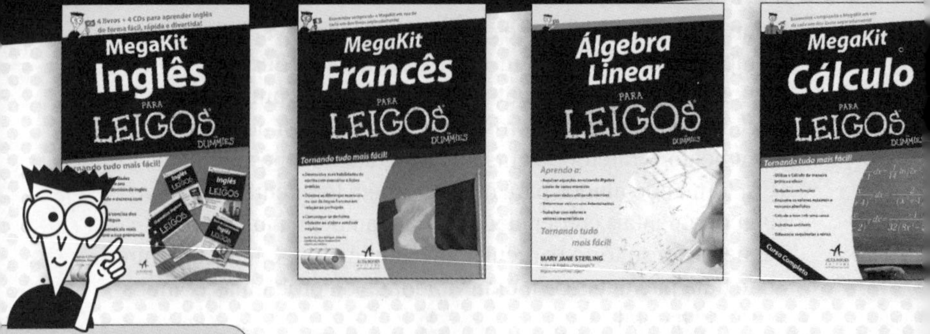

ALTA BOOKS
EDITORA

- Idiomas
- Culinária
- Informática
- Negócios
- Guias de Viagem
- Interesse Geral

Visite também nosso site para conhecer lançamentos e futuras publicações!

www.altabooks.com.br

/alta_books /altabooks

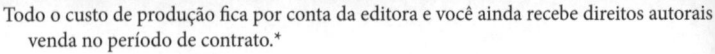

Seja autor da Alta Books

Todo o custo de produção fica por conta da editora e você ainda recebe direitos autorais venda no período de contrato.*

Envie a sua proposta para autoria@altabooks.com.br ou encaminhe o seu texto**
Rua Viúva Cláudio 291 - CEP: 20970-031 Rio de Janeiro

*Caso o projeto seja aprovado pelo Conselho Editorial.

**Qualquer material encaminhado à editora não será devolvido.